高校教师教学培训系列教材

高校教学技术

Gaoxiao Jiaoxue Jishu

主　编　刘革平

副主编　钟晓燕　邓　晖　李　倩　余　亮

高等教育出版社·北京

内容提要

本书是高校教师教学培训系列教材之一，从高等学校信息化教学的应用需求出发，围绕信息化教学资源的获取与加工、信息化教学工具、多媒体课堂教学、网络教学以及移动学习等内容，介绍了相关技术的教学应用方法与技巧。本书注重实效，所选取的内容均是高等学校各专业教学普遍需要的工具和方法；重视操作，详细地说明了各类工具的操作步骤和使用方法，能够满足一线教师的教学需求；突出应用，主要章节安排专题介绍各种技术的应用方法和研习案例，并通过二维码关联了文本、视频等数字化资源，为广大教师提供参考。

本书可以作为高等学校各专业教师的培训教材，也可以作为高等学校教育管理人员和研究人员自主学习信息化教学知识的参考书。

图书在版编目(CIP)数据

高校教学技术 / 刘革平主编. --北京：高等教育出版社，2019.8
ISBN 978-7-04-050220-6

Ⅰ.①高… Ⅱ.①刘… Ⅲ.①高等学校-计算机辅助教学-师资培训-教材 Ⅳ.①G434

中国版本图书馆CIP数据核字(2018)第168495号

策划编辑 路秋丽　责任编辑 路秋丽　封面设计 张 楠　版式设计 马敬茹
插图绘制 于 博　责任校对 吕红颖　责任印制 耿 轩

出版发行 高等教育出版社
社　　址 北京市西城区德外大街4号
邮政编码 100120
印　　刷 北京市密东印刷有限公司
开　　本 787mm×960mm 1/16
印　　张 13.75
字　　数 160千字
购书热线 010-58581118
咨询电话 400-810-0598
网　　址 http://www.hep.edu.cn
　　　　 http://www.hep.com.cn
网上订购 http://www.hepmall.com.cn
　　　　 http://www.hepmall.com
　　　　 http://www.hepmall.cn
版　　次 2019年8月第1版
印　　次 2019年8月第1次印刷
定　　价 34.80元

物 料 号 50220-00

前　　言

人类社会已进入了一个高度发达的信息社会，信息技术的广泛应用导致人们的生产、生活方式发生了巨大变化，也为教育的改革与发展带来了难得的机遇。《国家中长期教育改革和发展规划纲要(2010—2020年)》指出，“信息技术对教育发展具有革命性影响，必须予以高度重视”。2015年5月，习近平总书记在致国际教育信息化大会的贺信中指出，要“积极推动信息技术与教育融合创新发展”。国家领导人和政府部门已将教育信息化提到如此重要的地位，为高等学校开展以信息技术为支撑的教育教学改革指明了方向。

在信息时代，设备的迅速普及与应用、资源的快速流转与分享，均使高等教育的格局悄然发生改变。大学生被称为“数字原住民”(Digital Natives)，他们可以熟练地操作智能手机、平板电脑等数字设备，借助他们所熟悉的数字媒体来获取知识，徜徉于数字资源的海洋之中。在线开放课程已经在国际国内高等学校广泛应用，坐在家里学习世界知名大学教授的课程并获得证书的学习方式，已经为越来越多的学生和用人单位所接受。高等学校的教学如果仍沿用课堂教学这一单一模式，将会在“互联网+”时代失去竞争力。

为迎接信息技术带来的机遇和挑战，许多高等学校提出了实施课堂信息化教学、网络教学等要求，教师也希望在参加培训和学习的过程中有合适的培训教材做参考。本书编写的目的，就是为高校教师提供一套在教学中常用技术的工具集。本书从高校信息化教学的应用需求出发，不仅详细介绍了教学设计、教学实施过程中常用的信息化教学资源、信息化教学工具的操作技巧，而且还根据不同教学模式介绍了多媒体课堂教学、网络教学、移动学习等的实施方法和应用技能。本书尽量避免枯燥的理论讲解，更多的是结合高校教学的操作步骤、应用案例进行阐释。本书所涉及的软件工具均为在官方网站下载或购买的正版软件。

本书的编者，长期从事高校教师教育技术能力培训和师范生教育技术能力培养等方面的教学实践，拥有比较丰富的教学与培训经验。全书共分为六章，第一章是全书的导论，由刘革平编写；第二章介绍信息化教学资源获取与加工的方法与技巧，由钟晓燕编写；第三章介绍在信息化教学中常见的通用工具和学科工具，由邓晖编写；第四章重点介绍多媒体课堂教学的环境、资源及应用，由李倩编写；第五章介绍网络教学平台及社会性学习软件的操作与应用，由余亮编写；第六章介绍移动学习的基本应用，由钟晓燕编写。全书由刘革平统稿。

在本书的编写过程中，陈时见教授、刘义兵教授、吴能表教授、赵玉芳教授等专家在结构框架、编写思路等方面给予了悉心指导；陈智老师承担了大量组织和协调工作；研究生夏志鹏、蒿瑞芳、杨杉、胥定定参与了资料收集的工作。在此向为本书付出辛勤劳动的老师和同学一并表示感谢！

由于时间仓促和编者水平有限，本书难免存在不足与错误，恳请广大读者批评指正。

编　者

2019 年 6 月

目　　录

第一章 导　　论

【学习目标】

- 了解信息化教学的时代背景。
- 掌握信息化教学的内涵。
- 理解信息化教学的意义。
- 能够结合自己的专业提出信息化教学的应用设想。

【知识导图】

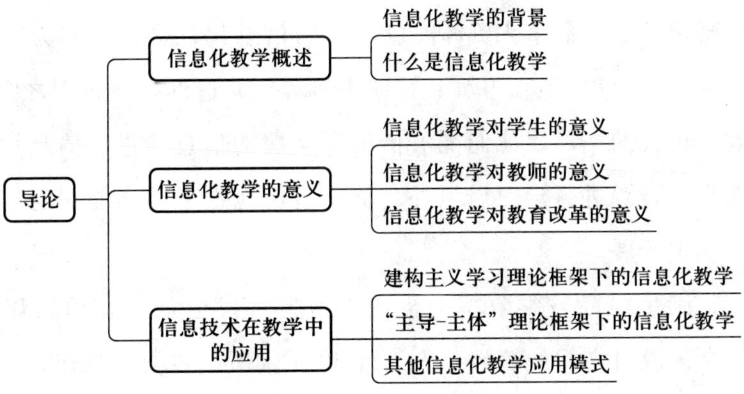

【核心术语】

信息化教学　建构主义学习理论　“主导—主体”理论　应用模式

第一节 信息化教学概述

一、信息化教学的背景

《国家中长期教育改革和发展规划纲要(2010—2020年)》指出，“信息技术对教育发展具有革命性影响，必须予以高度重视”，“强化信息技术应用，提高教师应用信息技术水平”。21世纪是一个激进的信息时代，信息科技的高速发展带动了社会的快速进步。如今，信息技术已逐渐渗透到了社会生活的各个方面，导致人们的生产方式、生活方式以及学习方式正在发生深刻的变化。作为人类活动的重要组成部分，教育也应该顺应信息技术的发展进行变革，满足以下四个方面的需要。

第一，满足学生要求改变教学形式的需要。当代大学生，成长于信息技术装备琳琅满目、数字化资源海量发布的信息化社会，被称为“数字原住民”。学生从小就生活在电脑、智能手机等所营造的数字氛围之中，信息素养得到了极大的拓展，他们能够借助所掌握的信息检索、信息加工方法自行获取学习资源进行学习。另外，学生迫切地希望教学能在他们熟悉的信息化环境中开展。

第二，满足提高教学效率的需要。信息时代也是“知识爆炸”的时代。据联合国教科文组织统计：人类近30年来所积累的科学知识，占有史以来积累的科学知识总量的90%，而在此之前的几千年中所积累的科学知识只占10%；同时，知识的半衰期缩短，知识更新的速度大大加快。① 这些都要求当前的教育要以比传统教学更高的效率来传授知识。而将信息技

① 楼高行，王慧君. 开发创新教育校本课程 让学生得到充分发展[J]. 新课程研究，2010(8)：137-138.

术引入教学领域，可以大大提高课堂教学容量，可以制作并发布信息化学习资源供学生自主选学，达到提高教学效率的目的。

第三，满足创新人才培养的需要。在传统的课堂教学中，一个教师要面对几十个甚至更多的学生，无法照顾到每一个学生的需求，不能为学生提供个性化的教学和指导。而利用信息技术创设的学习环境，教育工作者可以创设与客观世界类似的便于感知、体验和问题求解的虚拟情境，对培养学生的创新精神与实践能力十分有利，对培养学生的自主探究能力与协作能力也十分有利。

第四，满足应对国外教育挑战的需要。近年来，不同类型的国外教育机构纷纷抢占国内教育市场，其中大多数是以信息化的形式出现的：从麻省理工学院的开放课程计划（Open Course Ware，OCW）到哈佛大学的“视频公开课”，再到现阶段被广泛关注的大规模在线开放课程（Massive Open Online Courses，MOOC），都是以信息化教学的方式将世界知名大学的课程向全世界开放。特别是MOOC，还会根据需要向通过课程认证的学生颁发课程证书，这无疑将对传统高等教育产生冲击。

美国计算机科学家、麻省理工学院媒体实验室的创始人尼古拉斯·尼葛洛庞帝（Nicholas Negroponte）在他的著作《数字化生存》中描述到：19世纪的医生和教师穿越到现代社会将会面临截然不同的命运，医生因工作环境发生的巨变而变得无所作为；而与之相反的是，因为教学方式、教学环境大体延续以往的模式，教师会很快适应而开始教学。[①] 这是作者对教育行业的一个警示，也反映了整个社会对教育的不满，因为相对于其他领域而言教育教学的信息化水平已经相当落后了。

2015年初，我国政府提出了“互联网+”战略，要求各个行业按照互联网的理念进行新一轮的融合创新，发展新的业态。显然，这也是对教育信息化提出的新要求，教育行业必须遵照“互联网+”的要求，加快教学

---

① 尼葛洛庞帝. 数字化生存[M]. 胡冰，范海燕，译. 海口：海南出版社，1997：258.

过程、学习管理、资源配置等方面的信息化进程。

二、什么是信息化教学

所谓信息化教学，是将现代信息技术应用于教学过程和教学活动的新型教学形态，可以使教学的表现形式更加形象化、多样化和互动化，从而达到改进教学手段、提高教学效率、提升教学质量的目的。

当前，信息技术在教育领域得到了有效的应用，表现为：充分利用信息技术开发信息资源，促进信息交流和知识共享，促进教育现代化的过程。教育信息化对于优化教育结构、合理配置教育资源、缩小东西部及城乡教育差距、全面实现教育公平、提供优质教育、培养创新人才等都具有重要作用。

信息全球化是21世纪最突显的特征，这对于在一线从事教学的教师、教育研究者来说，信息化教学是巨大的机遇和挑战。教师工作在全新的信息化教学环境下进行，不仅需要具备开放思维与系统思维的教育理念，还要深刻认识到信息化教学与传统教学的差异。在高等学校，传统的“粉笔+黑板”、以教师为中心、以授课为主的教学模式应加以调整，“信息化教学环境，以学生为中心，切实培养学生的创新能力、协作能力、自主研究能力”的新型教学模式应得到提倡。信息化教学是一场势在必行的教学革新运动，一系列先进的信息技术，包括硬件技术和软件技术，都参与到这场运动中来。当下盛行的交互式电子白板、电子书包、云资源平台、网络公开课以及虚拟学习环境、网络学习平台、MOOC平台等都足以证明信息化教学已经来到了大学校园。目前，许多高等院校已经将“在线协作学习环境”（如Sakai平台）和“大规模在线开放课程”投入使用，这是利用信息技术进行有效的信息化教学的重要举措。

第二节 信息化教学的意义

一、信息化教学对学生的意义

信息化教学对学生来说，意义极其深远。

第一，信息技术的广泛使用，让学生的学习方式发生了改变，从被动接受知识转变为主动获取知识，主动获取知识的过程恰好可以提高学生的自主学习能力和自主探究能力。

第二，在信息化教学过程中，学生的学习材料除了传统的文字材料外，还包括形象逼真的图片、生动有趣的视频/动画、体验良好的学习游戏等。多样化的信息作用于学生的多种感官，使抽象的理论变得不再枯燥，学习材料的丰富多样性让学生对知识的获取、处理有了更清晰的认知，最主要的是能够提高学生学习的兴趣。爱因斯坦说过，“兴趣是最好的老师”，而采用信息化教学方式，可调动学生强烈的学习欲望，激发动机和兴趣。

第三，信息化教学可以让学生养成终身学习的意识。在信息化教学中，一个极其成功的应用案例就是远程教育，远程教育可以让学生通过网络学习接触优秀的教师、获取优质的教学资源；远程教育还呈现了一种非正式学习情境，在传统的课堂教学之余，学生可以选择渠道更多、资源更丰富、方式更灵活的终身学习形式。

第四，在信息化教学模式下，学生评价发生了很大改变。传统的教学评价更多地关注对学生最后学习结果的评价，即总结性评价；而在信息化教学中，教学评价更强调形成性评价和总结性评价相结合，这种评价方式强调学习过程的重要性，有利于学生的综合能力提升和全面发展。

二、信息化教学对教师的意义

在信息化教学中，教师由知识的传授者、灌输者转变为学生主动获取信息的引导者、促进者。信息化教学是以技术作为教学支撑，表面上看起来可以减少教师的工作量。然而在实践中，教学对教师的要求相对增多了，教师不再只是单纯的讲授，还有资源准备、过程跟踪、个别指导等一系列工作，要求教师在教学活动中有较强的组织协调能力。实行信息化教学，教师需要掌握和熟悉各种学习资源，并形成一个系统的知识资源库，而且关注点也从对学生的知识传授转移到注重学生学习能力培养上来了。

具体来说，信息化教学对教师的意义可以归结为四个方面：第一，有助于教师进行教学改革探索，教师可以把信息技术支持的教学准备、教学过程、教学评价等作为教学改革的切入点；第二，有利于教师进行教学反思，教师可以利用信息化教学系统和平台提供的多种工具（如博客、wiki、记事本等）记录自己的教学活动过程，帮助自己进行教学反思；第三，有助于推进教师专业发展，教师可以利用信息交流工具（如 QQ、微信、论坛等）实现信息化教研，建立与同行专家之间的联系，提高自己的专业能力；第四，有利于增进教师与学生之间的感情交流，利用信息化手段，教师在课堂之外多了与学生联系和沟通的渠道。作为教学过程的实施者、教育活动的设计者和组织者，无论是在传统教学还是在信息化教学环境下，教师都要在推动教育过程的实施和教育目标的达成等方面发挥积极的作用。

三、信息化教学对教育改革的意义

信息化教学在实现教育现代化、推动教育教学改革、培养创新人才等方面都将发挥积极的作用。首先，数字时代的来临，为知识与文化的传播开创了前所未有的新局面，也为学校教育带来了惊喜与震撼。世界各国纷纷提出了教育信息化战略，期望通过推进教育信息化来抢占经济、科技和教育的制高点。所以大力推进教育信息化，已经成为世界各国政府应对知识经济挑战、实现教育现代化的重要举措。其次，在信息化教学过程中，不仅教师和学生的角色发生了变化，教学资源发生了变化，还增添了许多交流互动，包括学生与学生、学生与教师、学生与信息技术之间的交流互动，创造了多向的互动交流平台，人机之间不断产生的互动促使学生进行有意义学习。这些与传统教学的不同之处都可以有力地推动教育教学改革前进的步伐。最后，教学信息化对于素质教育的实施具有重要意义，加快教育信息化进程可以极大地推动学校改革与发展，促进教育思想、教育体制、教学内容与教学方法的创新和人才培养模式的改进。素质教育的核心是创新精神与实践能力的培养，大力推进教育信息化，可以为培养创新型人才提供保障。

随着信息化教学的发展，逐步建立以现代信息技术为依托的终身教育体系，让每一个受教育者能够适应信息时代新的生存方式，使教育变得更加人性化、个性化、终身化，造就一批信息时代的教育家、教育管理家和优秀学生，培养具有较高信息素养的各级各类建设人才。信息化的教学手段在现代社会中的影响是广泛的，它不仅使教育本身发生了巨大变革，而且对社会经济、文化政治、生活方式等诸多领域都有积极的影响。因此，实施信息化教学，充分发挥现代信息技术在教育教学改革中的优势，是我国实现教育现代化的必由之路。

第三节 信息技术在教学中的应用

一、建构主义学习理论框架下的信息化教学

建构主义学习理论是当代最有影响力的学习理论之一，是关于人是如

何学习的和知识的本质的理论学说。建构主义学习理论为信息技术支持下的关注学生认知主体地位的学习模式提供了理论基础。

1. 建构主义学习理论

信息化教学建立在建构主义学习理论的基础之上，教学观念由“以教师为中心”向“以学生为中心”转变。学生在教师创设的学习环境中充分发挥自身的主动性和积极性，对当前所学的知识进行意义建构并用所学解决实际问题。

建构主义认为，学习是由作为认知主体的学生主动建构意义的过程，学习者在一定的情境即社会文化背景下，借助其他人(包括教师和学习伙伴)的帮助，利用必要的学习资源在原有知识经验的基础上建构新知识经验的过程。

2. 基于建构主义的教学方法

建构主义强调的是在一定的环境下，学生自主地进行知识的建构。目前最有影响的基于建构主义的教学方法有三种。

(1) 抛锚式教学

抛锚式教学又称情境式教学，这种教学方法要求建立在真实问题或真实事件的基础上。学习者要进行知识的建构，最好的方式就是在真实的情境中进行体验和学习，而不是听别人的经验。因此，教师需要将教学问题设置成一个与现实问题相关的、尽可能真实的情境，以学生能够解决真实的问题为教学目标，这样一旦确定了问题，整个教学内容也就确定下来了，就像通过抛锚来固定船的位置一样。

(2) 支架式教学

支架式教学借用了建筑行业的“脚手架”概念，形象地比喻了在知识的建构过程中外界的帮助所提供的支持作用，即通过搭建一个概念框架，使得学生能够一步一步地接近教学目标，逐渐深入理解和掌握复杂的学习内容。这种教学方式来源于维果茨基的“最近发展区”理论，教师通过将复杂的问题分解，并且搭建起概念框架，帮助学生建立知识结构，不断地进行更高水平的认知活动，从而帮助学生完成从现实的发展水平向潜在的发展水平过渡。

（3）随机进入教学

由于事物的复杂性和多样性，同一事物或同一问题从不同的角度思考可以有不同的理解。因此，在进行教学设计时，教师应该注意对于同一个教学内容，确保学生能够在不同时间、不同情境下通过不同方式、不同途径获取这一教学内容。通过多角度进入同一问题，学生能够更加全面深入地掌握知识内容，多次进入同一问题，不仅是对知识的巩固，更是学生对所学知识在理解和认识上的飞跃。

二、“主导—主体”理论框架下的信息化教学

在我国，传统的教学模式是“以教师为中心”的，而建构主义学习理论支持“以学生为中心”的教学模式。我国当代教育名家何克抗教授在对两种教学模式的优势与不足进行深入分析后提出：不能简单地用后者去取代或否定前者，也不能反过来用前者去否定或取代后者。而是应当彼此取长补短，相辅相成，努力做到既发挥教师的主导作用，又能充分体现学生的认知主体作用，既注重教师的教，又注重学生的学，把教师和学生两方面的主动性、积极性都调动起来。[①] 其最终目标是要通过这种新的教学思想来优化学习过程和学习效果，以便培养出具有高度创新能力的跨世纪新型人才。为了与“以教师为中心”的教学模式和“以学生为中心”的教学模式相区别，何克抗教授把按照基于这种思想和目标实现的教学模式称之为“主导—主体”教学模式。“混合学习”“翻转课堂”就是体现“主导—主体”这一思想的教学应用模式。

1. 混合学习

① 何克抗，等.“主导—主体”教学模式的理论基础[J]. 电化教育研究，2000(2)：3-9.

混合学习(Blended Learning)可以看作是课堂教学和在线学习两种方式的有机整合，它将两者的优势结合起来。也就是说，混合学习既要发挥教师引导、启发、监控教学过程的主导作用，又要体现学生作为学习主体的主动性、积极性与创造性。

混合学习是教育模式的一种创新，它不仅能够满足学生与教师进行面对面交流的需要，还能够通过网络为学生提供自主学习、协作学习、探究学习的平台，为学生提供多元的学习支持。通过面授教学，教师可以根据教学目标的要求，面向全体学生提出相对统一的要求、传授相对一致的知识与技能、解答相对共性的问题；通过网络学习，学生可以不受时间、地点、进度等多方面的限制，随时随地进行学习，并且能够灵活地运用不同的学习方式，从而达到促进学生个性化发展的目的。教师可以根据学生的学习特征制订学习计划和发展策略，培养出具有分析问题、思考问题和解决问题的能力的学生。因此，混合学习将以其独特的形式成为信息化教学中一面鲜明的旗帜，推动着教育的发展和革新。

2. 翻转课堂

翻转课堂(Flipped Classroom,也被译为“颠倒课堂”)是指：由教师预先制作好以教学视频为主的课程资源并通过网络方式发布，学生在课前以自行观看视频的方式进行知识学习；在课堂上，教师和学生借助交流、小组讨论等方式解决疑难问题。学生的学习过程大致可分为两个步骤：第一步是知识的接收；第二步是学生对知识的建构及灵活运用，即知识的内化。传统的教学模式是通过教师面对面的课堂讲授完成知识传递，课后学生通过习题、作业或实践实现知识的内化。而翻转课堂则颠倒了传统的教学顺序，在课前通过信息化的渠道进行知识的传递，在课堂上实现知识的内化过程。

三、其他信息化教学应用模式

随着信息技术的飞速发展，以及学习理论和教学理论研究的不断深化，多种教育教学模式被引入教学实践中，分别应用于不同的领域，适应不同的学生。

1. 自主探究

学生通过发现问题、调查研究、动手操作、表达与交流等探究性的活动，获取知识、技能和态度的方式叫作自主探究。这种教学模式是以建构主义理论为依据，强调以学生为中心，让学生主动建构意义，从而获取和掌握知识。教师作为引导者和促进者，帮助学生在一定的情境下，通过与人的协作、交流，利用各种信息来完成知识的建构。

在信息化的环境下，教师可以充分利用网络资源的形象性和开放性等优势，有效地启迪学生积极地探索问题，既能帮助学生独立地探究与思考，又能促进学生之间开展协作学习。学校或教师可以为学生专门开发适合于对应学习目标的探究式学习环境，让学生去反复尝试、不断改进，由自己得出正确的结论；教师也可以收集、整合或开发网络学习资源，让学生去对比、分析、归纳和演绎，由他们自己提出相应的观点。基于网络的自主探究教学能够从根本上促进学生的学习方式和教师的教学方式的全面改革，使课堂教学中教师、学生、教学内容以及媒体四个要素的结构关系发生改变，来适应新时代对教学的要求，构建信息时代新型的教学模式。

2. 协作学习

协作学习(Collaborative Learning)是学生参加学习小组，小组成员在共同的学习目标和一定的激励机制作用下，为获得最大的个人和小组学习成果而进行协作互助的学习模式。

学生通过会话、商讨、争论等形式对问题进行充分论证，通过协作活动锻炼学生的个体思维能力，增强学生的沟通交流能力。协作学习不仅能够提升学生的学业成绩，帮助学生形成批判性思维和创新性思维，还能够促进小组成员间的感情交流与相互尊重关系的形成。在信息化教学理论的指导下，基于网络的协作学习环境能够为学生提供更加广阔的学习空间和学习组织形式。协作学习可以充分调动学生的积极性，使学生不仅能够学到知识，还能够学到如何学习、如何沟通、如何发挥网络技术的优势，共同学习、共同进步，达到真正意义上的协作学习，促进信息化教学健康稳步地发展。

3. 泛在学习

泛在学习(Ubiquitous Learning)是指学生随时随地地学习，学习需求、学习资源无处不在，学习活动随时发生。泛在学习可以描述为：任何人可以在任何时间、任何地点，以任何设备获取任何信息的学习方式。

泛在学习环境的开放性、兼容性以及信息与物理空间的整合，使学生有较强的体验感和良好的接受度；多样化的通信方式和高性能的通信，使得学生能够找到适合自身的学习工具和方式。在泛在学习系统中，由于计算机已融入人类的日常生活中，学生意识不到泛在学习的存在，学生可以体验真实的学习环境，学习进程是无缝变换且没有被学生察觉的，学生甚至意识不到学习环境的存在。在泛在学习环境下，学习是一种自然或自发的行为，学习过程是一种根据学生需求的、自我导向的过程。

实践运用

1. 信息化教学对学生和教师的意义分别是什么？
2. 请论述“主导—主体”教学理论的主要观点和应用模式。
3. 什么是泛在学习？它有何特点？

第二章　信息化教学资源的获取与加工

【学习目标】

- 能够结合专业教学需要，合理选用不同的搜索引擎查找网络资源。
- 能够根据资源的类型，选择和使用不同的下载工具实现网络资源的下载。
- 能够根据课程教学需求，设计、开发和优化文本、图形/图像、音频、视频等资源。
- 通过阅读、实践操练，总结与反思教学资源获取与加工的技巧与方法。

【知识导图】

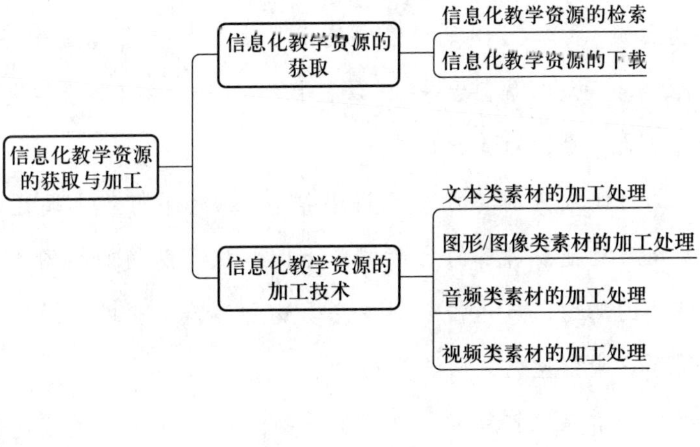

【核心术语】

搜索引擎　下载　文本素材　图形/图像素材　音频素材　视频素材

【应用工具】

Word　Photoshop　Sound Forge　会声会影(Ulead Video Studio)

【问题情境】

李教授要为少数民族骨干班的学员做一次题为《美在理解,美在知音——中国古代诗歌与社会交往》的国学讲座。在讲座中，李教授在分析了《诗经·国风·周南·关雎》、杜甫的《茅屋为秋风所破歌》、苏轼的《江城子·密州出猎》、李清照的《醉花阴》、张籍的《节妇吟》、汉乐府民歌《陌上桑》和李商隐的《无题》等国学经典著作后，寓教于唱，带领学生用《外婆的澎湖湾》《信天游》等现代流行歌曲的曲调唱出《诗经·国风·王风·采葛》等诗篇，悠扬动听的歌声阵阵响起，让整个讲座现场弥漫着浓浓的国学气氛。在讲座结束时，李教授双手举起，播放配乐，指挥大家齐唱苏轼的《水调歌头·明月几时有》：明月几时有？把酒问青天。不知天上宫阙，今夕是何年……这场讲座李教授以她生动活泼、风趣幽默的说、唱、演等独特的讲学风格，再加上合理有效地使用了大量的信息化教学资源(如精美的插图、配乐诗歌、伴唱音乐等)，以古鉴今、深入浅出地让学生领悟到知音就是人的本质力量，知音就是美。

李教授的讲座最大的特点是“讲唱结合”。她不但用古调还用现代流行歌曲，甚至自己把要讲解的古诗词谱上曲并配上贴切的插图，唱给学生听，传递诗词的意韵，传达快乐的信息。这种浪漫、幽默、通俗易懂的解读方式赢得了广大师生的认同与赞扬。

与李教授的讲座比较起来，我们也看到某些教师在上类似的古诗词课程时将教学内容讲得枯燥乏味、晦涩难懂，不仅仅自己教起来无趣，学生听起来也极度无味。李教授的讲座之所以受到学生的认可和好评，除了她独特的说唱教学法以外，恰如其分地使用各种信息化教学资源也是其成功的因素之一。

本章将主要介绍信息化教学资源，特别是信息化教学资源中媒体素材类资源的获取、加工与处理操作技术。

第一节　信息化教学资源的获取

一、信息化教学资源的检索

互联网是一个信息的海洋，包罗万象，无所不有，丰富的网络资源给人们查找资料带来了极大的方便。如何在浩瀚的网络世界中高效地搜索到自己需要的信息化教学资源呢？这就需要借助互联网提供的强大工具——搜索引擎。

（一）搜索引擎的分类

搜索引擎使用自动索引软件来发现、收集并标引网页、建立数据库。搜索引擎以网页的形式为用户提供一个检索界面，供用户检索关键词、词组或短语等检索项。搜索引擎代替用户在数据库中查找出与搜索请求匹配的记录并返回结果，且按其相关度排序输出。

搜索引擎可以分为综合型、专题型和特殊型。

综合型搜索引擎在采集和标引信息资源时不限制资源的主题范围和数据类型，又称为通用型检索工具。例如，百度、新浪、搜狐和网易，这些常见的搜索引擎网罗百科，信息种类繁多。

专题型搜索引擎专门采集某一主题范围的信息资源，并用更为详细和专业的方法对信息资源进行标引描述。例如，生物专利搜索引擎、科技信息搜索引擎 Scirus、重点学科导航系统、学科信息门户等。

特殊型搜索引擎是指那些专门用来检索图像、声音等特殊类型信息和数据的检索工具。例如，查询地图的检索工具 MapBlast、查询图像的检索工具 WebSeek 等。

（二）搜索引擎的使用技巧

在众多的搜索引擎中，在国内使用最多的当属百度，所以本小节主要以百度为例介绍搜索引擎的相关操作技术。

1. 百度简介

“百度”二字源自辛弃疾的《青玉案》中的名句“众里寻她千百度”。2000年，百度公司成立，从此掀开了中文搜索引擎的新篇章。百度是全球最大的中文搜索引擎，也是全球十大网站之一。创立之初，百度公司便将“让人们更便捷地获取信息”作为自己的使命，并为此始终如一、不懈地努力奋斗。

2. 百度搜索的特色功能

（1）百度快照

如果无法打开某个搜索结果，或者打开速度特别慢，可以通过“百度快照”快速浏览页面内容。这是因为每个被收录的网页，在百度上都存有一个纯文本的备份，我们称之为“百度快照”。不过百度快照只保留文本内容，图片、音频等非文本信息需要直接从原网页调用，所以如果无法连接到原网页，那么快照上的图片、音频、视频、动画等非文本内容会无法显示。

（2）相关搜索

如果搜索结果不佳，有时候是因为选择的查询词不是很妥当，可以通过参考别人是怎么搜索的，来获得一些启发。百度的“相关搜索”列出的就是和您的搜索很相似的一系列查询词。百度的“相关搜索”显示在搜索结果页的下方，按搜索热门度排序。

（3）拼音提示

如果你只知道某个词的发音，却不知道怎么写，或者嫌某个词拼写输入太麻烦，那么只要输入查询词的汉语拼音，百度就能把最符合要求的对应汉字提示出来。拼音提示显示在搜索结果上方，如输入“jisuanji”，则提示：“已经显示计算机的搜索结果。仍然搜：jisuanji。”

（4）错别字提示

由于汉字输入法的局限性，我们在搜索时经常会输入一些错别字，导致搜索结果不佳。百度会给出错别字纠正提示，错别字提示显示在搜索结果上方。如输入“吹毛求次”，提示：“以下包含吹毛求疵的结果，仍然搜索：吹毛求次”。

（5）计算器和度量衡转换

百度网页搜索内设计算器功能，只需简单地在搜索框内输入计算式，然后回车即可。

例如，可以输入下面这个复杂计算式：

lg((sin5)^2)-3+pi

计算结果会显示在搜索结果的第一条，含有数学计算式的网页会显示在计算结果的下方。

百度的网页搜索也可以做度量衡转换。格式如下：

换算数量换算前单位=？换算后单位

例如，可以输入：

-5 摄氏度=？华氏度

（6）专业文档搜索

百度支持对特定文档类型进行搜索，如 Microsoft Office 文档（包括 Word、Excel、PowerPoint 等）、Adobe PDF 文档、RTF 文档等。

3. 百度常用的搜索语法

（1）intitle——把搜索范围限定在网页标题中

网页标题通常是对网页内容提纲挈领式的归纳，把查询内容范围限定

百度搜索

在网页标题中，有时能获得良好的效果。使用的方式是把查询内容中特别关键的部分用“intitle:”连起来。

例如，找“计算机的分类”，就可以这样查询：分类 intitle:计算机。

注意：“intitle:”和后面的关键词之间不要有空格。

（2）site——把搜索范围限定在特定站点中

有时候，如果知道某个站点中有自己需要找的东西，就可以把搜索范围限定在这个站点中，提高查询效率。使用的方式是在查询内容的后面加上“site:站点域名”。

例如，在天空网查询 Office 软件，就可以这样查询：office site:skycn.com。

注意：“site:”后面跟的站点域名，不要带“http://”；另外，“site:”和站点名之间不要有空格。

（3）inurl——把搜索范围限定在 URL 链接中

网页 URL 中的某些信息常常有某种有价值的含义。如果对搜索结果的 URL 做某种限定，就可以获得更有针对性的搜索结果。使用的方式是在查询内容的后面加“inurl:”后跟需要在 URL 中出现的关键词。

例如，找关于 Photoshop 的使用技巧，可以这样查询：Photoshop inurl:jiqiao。这个查询串中的“Photoshop”可以出现在网页的任何位置，而“jiqiao”则必须出现在网页 URL 中。

注意，“inurl:”语法和后面所跟的关键词之间不要有空格。

（4）双引号和书名号——精确匹配

如果输入的查询词很长，百度会自动拆分查询词，然后再搜索，在经过分析后，给出的搜索结果只包含部分查询词。如果给查询词加上双引号，百度就可以不拆分查询词。例如，搜索北京林业大学，如果不加双引号，查询词被拆分，搜索效果不是很好，但加上双引号以后，搜“北京林业大学”，获得的结果就完全是符合要求的了。

中文书名号是可以被查询的。加上书名号的查询词有两层特殊功能：一是书名号会出现在搜索结果中；二是被书名号括起来的内容作为一个整体查询词，不会被拆分。书名号在某些情况下特别有效果，比如，查询电影“手机”，如果不加书名号，很多情况下搜索出来的结果是通信工具手机相关的内容，而加上书名号后，搜“《手机》”，结果就都是关于电影方面的内容了。

（5）减号——要求搜索结果中不含特定查询词

如果在搜索结果中不希望看见某一类网页，而且这些网页都包含特定的关键词，那么用减号语法，就可以去除所有这些含有特定关键词的网页。

例如，搜“神雕侠侣”，希望搜索结果是关于武侠小说方面的内容，却发现结果中有很多关于电视剧方面的网页，那么就可以这样查询：神雕侠侣 -电视剧。

注意：前一个关键词和减号之间必须有空格，否则，减号会被当成连字符处理，而失去减号的语法功能。减号和后一个关键词之间有无空格均可。

（6）filctype——用于搜索特定文件格式。

“filetype:”后面可以有以下文件格式：DOC/DOCX（Word 文件）、XLS/XLSX（Excel 文件）、PPT/PPTX（Powerpoint 文件）、PDF（Adobe PDF 文件）、RTF（多文本文件）、ALL。其中，ALL 表示搜索所有这些文件类型。比如，搜索 filetype：pdf SEO，返回的就是包含 SEO 这个关键词的所有 pdf 文件。

二、教学资源下载

成功检索到需要的资源只完成了资源获取的一半，还需要利用一些高效便捷的下载工具来下载这些资源。下载工具数不胜数，但大多数下载工具的功能都大致相同，所以我们只需要熟练掌握一个或两个下载工具的使用技巧即可满足我们下载教学资源的需求。

（一）常见的下载工具

在互联网中，常见的文件下载工具可以分为以下四类：第一类，同时支持HTTP、FTP协议的下载工具，如FlashGet、迅雷等；第二类，同时具有文件上传和下载功能的FTP工具，如CuteFTP、FlashFXP等；第三类，专门用于音频、视频文件下载的工具，如Net Transport（影音传送带）、维棠等；第四类，P2P类下载工具，如BitComet、eMule等。

（二）下载工具的使用技巧

在众多的下载工具中，使用最多的当属迅雷，所以本小节主要以迅雷为例介绍下载工具的相关操作技术。

使用迅雷进行下载

迅雷是一款免费的下载软件，它采用全新的多资源超线程技术，是目前网络上最快的下载软件，比其他的下载软件要快5~7倍。迅雷是一款点对点的采用P2SP（Point to Server Point）技术的下载工具，能够降低80%的下载死链比例。迅雷支持多节点断点续传，支持不同的下载速率，支持多点同时传送，支持HTTP、FTP协议。

1. 使用迅雷下载文件

（1）文件下载方法

第一种：右键菜单法。把鼠标移动到下载链接上，点击鼠标右键，在弹出的快捷菜单上选择“使用迅雷下载”，适用于单个链接或者该页面内全部链接下载。

第二种：新建任务。把鼠标移动到下载链接上，点击鼠标右键，在弹出的快捷菜单上选择“复制快捷方式”，选择迅雷菜单“文件”→“新建任务”。

第三种：拖放下载法。把要下载的链接所在区域选取，然后拖放到迅雷的悬浮图标上。

（2）迅雷9的下载模式设置

迅雷 9 的下载模式为“全速下载”和“限速下载”，我们可以根据自己的下载需求设置下载模式。在使用迅雷 9 进行下载时，可以切换为“限速下载”，以尽量减小对用户浏览网页的影响。如图 2-1 所示。

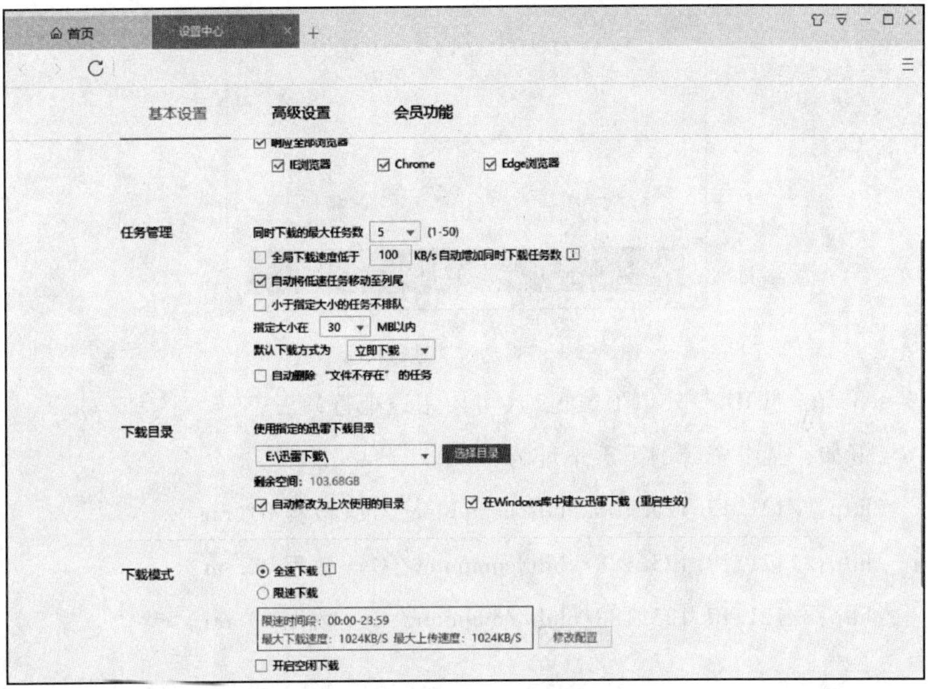

图 2-1　设置迅雷 9 的下载模式

2. 使用迅雷批量下载文件

我们有时在网上会发现很多有规律的下载地址，遇到成批的 MP3、图片、动画等，比如某个有很多分集的动画片，如果按照常规的方法你需要一集一集地新建下载任务、添加下载地址，非常麻烦。这时可以利用迅雷的批量下载功能，只新建一次下载任务，就能让迅雷批量将它们下载下来。

在使用迅雷批量下载时要注意“ * ”的使用，“ * ”在文件名中出现是代表任意字符的意思。例如，“a. * ”就代表了文件基本名是 a，扩展名是任意的所有文件。如果所下载的文件都是 zip 文件，而前面的文件基本名为英文，但各不相同，那么可以写为“ * . zip”。

批量下载的具体操作步骤如下：

① 新建下载任务。

② 单击“添加批量任务”，如图 2-2 所示。

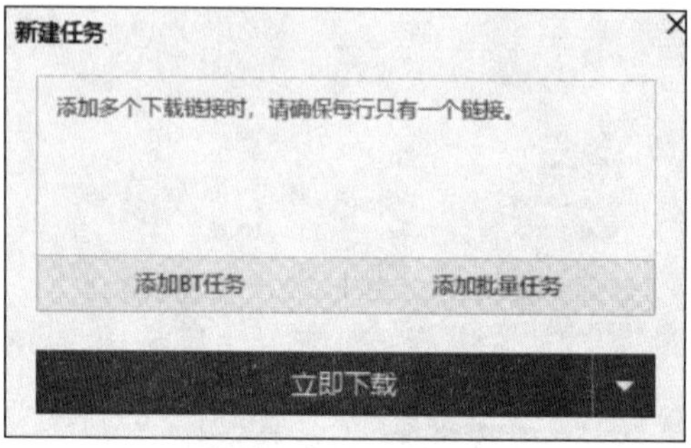

图 2-2　使用迅雷 9 进行批量下载

③ 在“URL”处填下载地址(可使用通配符)。

例如，某批资源的下载地址为：

http://121.17.125.188/club/computer/ C++教程 01.rar

http://121.17.125.188/club/computer/ C++教程 02.rar

http://121.17.125.188/club/computer/ C++教程 03.rar

...

http://121.17.125.188/club/computer/ C++教程 20.rar

这 20 个地址只有文件基本名末尾的数字部分不同，可以用通配符(＊)表示不同的部分，这些地址就写成了：http：//121.17.125.188/club/computer/ C++教程(＊).rar。同时，通配符长度指的是这些地址不同部分数字的长度，如：从 01.rar－10.rar，通配符长度就是 2；从 001.rar－010.rar，通配符长度就是 3。本例中通配符长度为 2，如图 2-3 中设置添加好后，点击右下角的“确定”按钮，就能把这些有规律的下载地址批量添加到任务中。

④ 在图 2-4 界面中，单击图标设置下载文件的保存地址后，点击“立即下载”按钮即可完成下载。

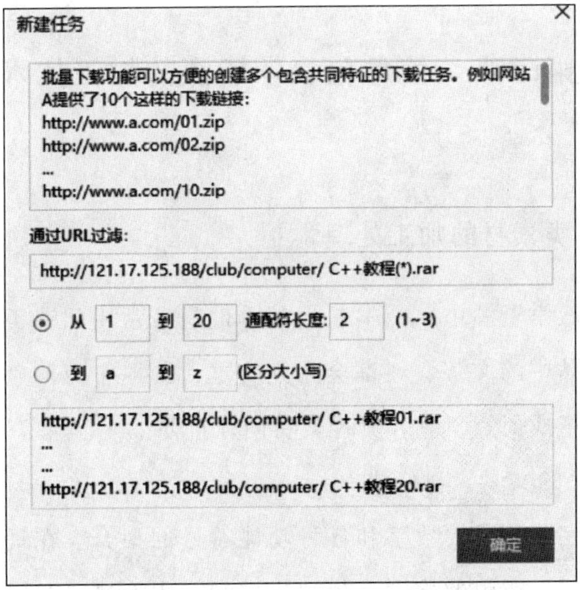

图 2-3　使用迅雷 9 进行批量下载

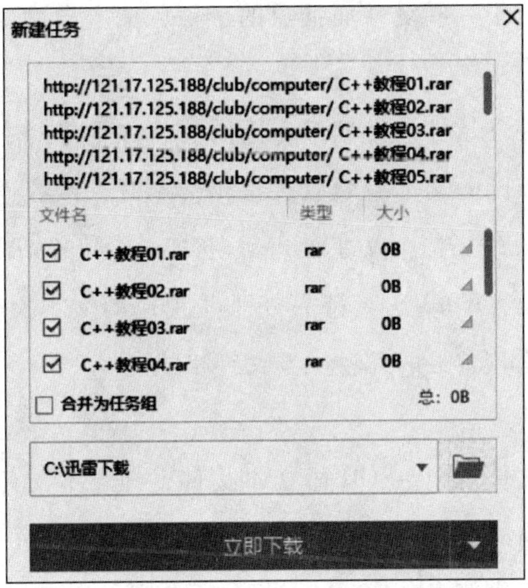

图 2-4　设置下载目录

第二节　信息化教学资源的加工技术

一、文本类素材的加工处理

在信息化教学资源中，文本是最基本也是最常用的一类素材。一些说明、介绍或作品中的文字资料都会用到文本，文本作为信息化教学资源中媒体素材类的组成元素，它和其他素材同样重要。

（一）常见的文本素材格式

文本是文字、字母、数字和各种功能符号的集合。在现实生活中，人们对事情的讲述、逻辑的推理、数学公式的表述等都主要用文字和数字来准确地表达。信息化教学资源虽然有图形/图像、音频、视频、动画等多种媒体形式，但是对于一些复杂而抽象的事件，文本素材却有它不可替代的独到之处。

文本素材的处理软件种类繁多，不同的软件生成的文本文件格式也各不相同。当使用不同的文本编辑软件编辑文本时，系统通常会采用默认的文本文件格式来保存文档。文字处理软件 Microsoft Word 2003 的默认文档格式为 .DOC，当然 Word 还支持另外一些主流的文本文件格式，如 TXT、RTF 等。下面是比较常见的几种文本文件格式。

1. TXT 格式

TXT 格式的文件是纯 ASCII 码文本文件，纯文本文件除了换行和回车外，不包括任何格式化的信息，即文件里没有任何有关文字字体、大小、颜色、位置等格式化信息。Windows 操作系统的“记事本”就是支持 TXT 文本编辑和存储的文字工具程序。所有的文字编辑软件和多媒体集成工具软件均可直接使用 TXT 文本格式的文件。

2. WRI 格式

WRI 格式是 Windows 操作系统下的写字板应用程序所支持的文件格式。

3. DOC 格式

DOC 格式是 Microsoft Word 2003 字处理软件所使用的默认文件格式，其中可以包含不同的字符格式和段落格式。Microsoft Word 2007 及以上版本的格式改为 DOCX。

4. RTF 格式

RTF 格式，即 Rich Text Format 文件格式，是一种可以包含文字、图片和超文本等多种媒体信息的文档。在 Microsoft Word 字处理软件中也能将文本保存为 RTF 文件格式。

5. WPS 格式

金山中文字处理软件的格式，其中包含特有的换行和排版信息，称为格式化文本，通常只在 WPS 编辑软件中使用。

（二）文本类素材的加工处理技巧

目前对文本类素材的加工处理用得较多的软件是 Microsoft Word。下面我们以 Microsoft Word 2016 为例介绍一些常用的技巧与方法。

1. 录入技巧

（1）Word 中巧输星期

单击“开始”菜单，在“段落”选项卡中选择“项目符号和编号”，进入“编号”选项卡，单击“定义新编号格式(D)…”按钮，在“编号样式”栏内选择“一、二、三(简)”等样式，在“编号格式”栏内的“一”前输入“星期”即可实现星期的快捷输入。

（2）加减乘除的输入

i 和 I 在中文输入法智能 ABC 中有着特殊的意义，它们可以作为输入小写和大写中文数字的前导字符，还可以用来将数字运算符号变为相应的汉字，在 i 或 I 后面输入+、-、＊、/，按回车键或空格键，即可得到与之相对应的汉字加、减、乘、除。

（3）重复输入某一内容

在 Word 中可以巧妙使用 F4 键来实现刚才输入内容的重复。例如，我们输入了“abc”，接着按下 F4 键，在 Word 文档中就会自动再输入一遍“abc”。

2. 编辑技巧

（1）打造整齐的 Word 公式

使用 Word 公式编辑器创建公式后，如果公式不整齐(特别是矩阵形式的公式)，可以通过下列方式进行微调：单击该公式，右键进入“设置对象格式”，选择“版式”中的任意一种形式，单击“确定”，再选中需要调整的项；按下 Ctrl 键后，利用光标上下左右移动对该项进行微调；重复上述步骤，直到将公式位置调整到满意为止。

（2）画出不打折的直线

在 Word 中如果想画水平、垂直或 15°、30°、45°、75°角的直线，只需在固定一个端点后，按住 Shift 键，上下拖动鼠标，将会出现上述几种直线选择，位置调整合适后松开 Shift 键即可。

（3）文字旋转轻松做

在 Word 中可以通过“文字方向”命令来改变文字的方向，但也可以用以下简捷的方法来做：选中要设置的文字内容，只要把字体设置成“@字体”，比如“@宋体”或“@黑体”，就可使这些文字逆时针旋转 90°了。

（4）给图片、表格或公式加题注

选定要添加说明的图片、表格或公式，单击鼠标右键，在快捷功能菜单中选“插入题注”菜单，打开题注窗口；然后在“标签”栏选择“公式”“表格”或“图片”；最后在“题注”栏输入题注内容，再点“确定”按钮结束。此时，题注文字会自动显示在图片、表格或公式的下方。题注可以随时更改，如改变字体、字号，或者删除，等等。

（5）制作水印

在Word菜单栏点击“设计”菜单，在“页面背景”选项卡中选择“背景”→“水印”。在“水印”对话框中选择“文字水印”，然后在“文字”栏选择合适的字句，或另外输入文字；或在“自定义水印”对话框中选择“图片水印”，然后选择用来作水印图案的图片。最后单击“确定”按钮，水印就会出现在文字底层。

（6）加载稿纸

从微软官网下载稿纸加载项安装程序，安装后在“页面布局”菜单下就可以看到“稿纸设置”选项卡，选择后在设置对话框中可以设定网格样式、网格颜色、纸张大小等，确定后Word中就自动应用稿纸样式，文字将会被放到稿纸的每个格子上。

（7）去掉Word页眉下的横线

去掉Word页眉下的横线有四种方法：第一种方法是可以将横线颜色设置成“白色”；第二种方法是在进入页眉和页脚时，设置表格和边框为“无”；第三种方法是进入页眉编辑，然后选中段落标记并删除它；第四种方法是将“样式”图标栏里面的“页眉”换成“正文”。

二、图形/图像类素材的加工处理

读图时代的到来，让我们深刻感受到图形/图像对学习者的感知、理解和记忆具有不可忽视的作用。与文本类素材相比，图形/图像类素材更直观、更形象、更易理解，它可以提供逼真、生动、形象和更高质量的感知材料，它是信息化教学资源中非常重要的一类媒体素材。

（一）常见的图形/图像素材格式

图形是指由外部轮廓线条构成的矢量图，即由计算机绘制的直线、圆、矩形、曲线、图表等构成。由于图形是用一组指令集合来描述内容的，所以图形的文件存储量较小，任意缩放不会失真，但不容易展示很丰富的内部层次。

图像是由扫描仪、摄像机等输入设备捕捉实际画面产生的数字图像，是由像素点阵构成的点阵图，也叫位图。由于图像是用数字来描述像素点的强度和颜色的，因此图像的文件占用的存储空间较大，所描述对象在缩放过程中会损失细节或产生锯齿，但可以表现丰富的层次。

因此，我们常说的图形/图像大致上分为矢量图和位图两大类文件。

1. BMP 格式

BMP 是英文 Bitmap（位图）的简写，它是 Windows 操作系统中的标准图像文件格式，Windows 操作系统中的多种应用程序都支持 BMP 格式。这种格式的特点是包含的图像信息较丰富，几乎不进行压缩，但由此导致了它与生俱来的缺点——占用磁盘空间过大。

2. GIF 格式

GIF 是英文 Graphics Interchange Format（图像交换格式）的缩写。最初 GIF 格式的文件只是简单地用来存储单幅静止图像，后来随着技术发展，GIF 格式的文件可以同时存储若干幅静止图像进而形成连续的动画，使之成为当时支持 2D 动画为数不多的格式之一。目前网络上的彩色动画文件多为 GIF 格式的文件，其特点是压缩比高，占用磁盘空间较少，但它不能存储超过 256 色的图像。

3. JPEG 格式

JPEG 是常见的一种图像文件格式，JPEG 文件的扩展名为 .jpg 或 .jpeg。它采用有损压缩方式去除冗余的图像和彩色数据，在获取极高的压缩率的同时仍能展现十分丰富生动的图像。换句话说，就是 JPEG 格式的文件可以用最少的磁盘空间得到较好的图像质量。

4. PNG 格式

PNG 是目前最不失真的格式，它汲取了 GIF 和 JPEG 二者的优点，存储形式丰富，兼有 GIF 和 JPEG 的色彩模式。它的第一个优点是能把图像文件压缩到极限以利于网络传输，但又能保留所有与图像品质有关的信息；第二个优点是显示速度很快，只需下载 1/64 的图像信息就可以显示出低分辨率的预览图像；第三个优点是支持透明图像的制作。但 PNG 的缺点是不支持动画应用效果。

（二）图形/图像类素材的加工处理技巧

图形/图像处理软件被广泛地用于平面设计、广告制作、影视后期制作等领域，可以实现图像处理功能的软件众多，如 Windows 操作系统自带的画图工具、ACDsee、Picasa、光影魔术手、数码伴侣、美图秀秀、CorelDraw、Photoshop 等。

Adobe 公司开发的 Photoshop 以其强大的功能和友好的界面成为当前最流行的图像处理软件之一。Photoshop 集图像扫描、编辑修改、图像合成、校色调色、功能色效制作等多种功能于一体，为此我们将以 Photoshop CC 2018 为例，介绍图形/图像类素材常用的加工与处理方法。

1. 利用 Photoshop 绘制图形

利用 Photoshop 绘制图形，主要使用 Photoshop 中的选区工具、多边形工具、钢笔工具、填充工具等。具体操作步骤如下：

（1）新建一个图像文件

在“文件”菜单中选择“新建”菜单选项，输入图形/图像的名称、宽度、高度、分辨率以及背景颜色等信息，单击“好”按钮，将文件保存至计算机中。

（2）绘制矢量图形

单击左侧工具箱中的形状工具或钢笔工具，设定相关属性选项后即可开始绘制。

（3）创建及填充选区

单击左侧工具箱中的选框工具及其右下角的小三角可以创建各种形状的选区，然后通过选择“编辑”菜单中的“填充”选项、“编辑”菜单中的“描边”选项或者利用工具箱中的渐变工具或油漆桶工具，设置相关属性选项后即可对选区进行单色填充或者渐变色填充。

（4）更改颜色

利用工具箱中的选区工具、魔棒工具等选定要更改颜色的区域，然后单击画笔工具或铅笔工具或渐变工具或者油漆桶工具，设置相关属性选项后即可更改所选区域的颜色。

2. 利用 Photoshop 处理图像

利用 Photoshop 处理图像，主要使用 Photoshop 中的调整菜单、图层菜单、滤镜菜单等。具体操作步骤如下：

（1）色彩调整

选择“图像”菜单中的“调整”选项，根据需要对图像进行亮度/对比度、色相/饱和度、色阶、色调平衡等进行调整。

（2）文字编辑

单击左侧工具箱中的文字工具，在图像编辑窗口中画出文字输入区域，此时将自动生成文字图层。随后输入文字，然后选中文字，在辅助工具栏中设置字号、字体、颜色、变形等。

（3）图层操作

根据需要进行选择当前图层、有选择地显示图层、改变图层顺序、删除图层、拼合图层、链接图层以及修改图层属性等操作。

（4）运用滤镜

使用“矩形选框工具”“椭圆选框工具”或者“套索工具”划定图像范围，在“滤镜”菜单中选择需要的滤镜，给图像添加像素化、扭曲、杂色、渲染等滤镜效果。

【案例研习】

利用 Adobe Photoshop 绘制几何图形

本例将利用 Adobe Photoshop 的选区工具、填充工具、变形工具等绘制几何图形。操作步骤如下：

1. 启动 Photoshop CC 2018，点击“文件”→“新建”菜单选项，新建图像文件，参数设定如图 2-5 所示。

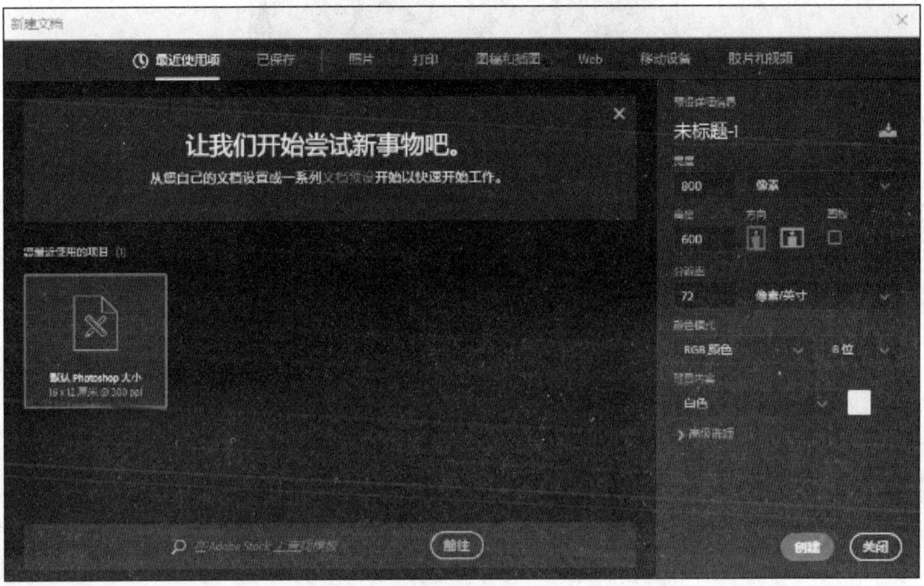

图 2-5　新建图像文档参数设定

2. 在工具箱上设定前景色为 3eb0ed，背景色为 0b1b46。选择工具箱上的渐变工具，并在其工具属性栏上设定渐变颜色为前景色到背景色，渐变类型为“线性渐变”，而后在图像文件中从上到下拖动，将图像文件的背景颜色填充为设定的渐变颜色。如图 2-6 所示。

3. 在右侧图层面板上新建图层 1，单击工具箱中的第二个工具“矩形选区工具”，在背景上绘制出一个矩形选区。在工具箱中再次选择填充工

图 2-6 背景填充设置

具，设定前景色为 011539，在绘制的矩形选区中单击，即可将矩形填充为设定的颜色，按“Ctrl+D”取消选框，得到如图 2-7 所示的效果。

4. 新建图层 2，参照步骤 3 绘制矩形选框，并将其填充为黄色 decc03。得到效果如图 2-8 所示。

5. 执行“编辑”→“变换”→“透视”菜单选项，将黄色矩形变形为三角形，得到效果如图 2-9 所示。

6. 参照步骤 3、4、5 为图像添加其他几个形状，绘制最终效果如图 2-10所示。

7. 执行“文件”→“保存”菜单选项，保存图像文件。

图 2-7　填充蓝色矩形

图 2-8　填充黄色矩形

图 2-9　三角形效果

图 2-10　最终效果

三、音频类素材的加工处理

声音是人们最方便、最熟悉的传递信息的方式，音频携带的信息量大而精确，将音频类教学资源应用于课堂中，不仅能活跃课堂气氛更能提高学习者的学习兴趣。因此，音频素材的开发与利用已逐渐成为信息化教学进程中不可或缺的关键技术。

（一）常见的音频类素材格式

音频是个专业术语，人类能够听到的所有声音都可以称之为音频，它包括解说、音乐和各种效果音等。随着科学技术的发展，尤其是计算机的出现，使得声音被录制下来以后，无论是说话声、歌声，还是乐器声音，都可以通过计算机中的数字音频软件进行处理，从而形成不同格式的音频文件。

常见的音频文件格式包括 WAV、CD、MP3、WMA、MIDI 等，还有一些应用不多的其他格式，如 ASF、AU、AAC、MP4、AIFF、SND、XM、S3M 等。究竟这些音频格式适合在哪些领域中使用呢？下面介绍几种常见的音频文件格式及其特点。

1. WAV 格式

WAV 格式是微软公司开发的一种无损声音文件格式，用于保存 Windows 系统的音频信息资源，被 Windows 系统及其应用程序所支持。利用该格式记录的声音文件能够和原声基本一致，质量非常高，但由于 WAV 格式存放的一般是未经压缩处理的音频数据，所以文件的数据量比较庞大。

2. CD 格式

CD 格式可以说是近似无损的，堪称当今世界上音质最好的音频格式，它记录的完全是波形流，绝对纯正和高度保真。CD 格式的音频文件是一个“*.cda”文件，这只是一个索引信息，并不真正包含声音信息，所以不论

CD 音频文件的长短，在电脑上看到的“*.cda”文件的大小都是44字节长。

3. MP3 格式

MP3 的全称是 MPEG-1 Audio Layer3，诞生于 20 世纪 80 年代的德国，是目前最广为流传的音频文件格式。MP3 文件采用有损压缩的方式记录声音信息，音质仅次于 CD 格式和 WAV 格式的音频文件。MP3 文件因其体积小、音质好、制作简单、便于交换等优势，在网络和移动终端上大为流行。对于需要大量声音的教学课件可以选用此格式。

4. WMA 格式

WMA 的全称是 Windows Media Audio，它是微软公司推出的与 MP3 格式齐名的一种音频格式。这种音频格式的特点首先在于较大的文件压缩比，它所占用的空间是 MP3 格式文件的一半，其音质效果却非常好。

5. MIDI 格式

MIDI 格式作为一种产业标准是目前最成熟的音乐格式，MIDI 格式的文件采用“.mid”作为扩展名。它是一种电子乐器(如电子琴、电子合成器等)通用的音乐数据文件，MIDI 只能模拟乐器的发声，只能用来播放音乐，不能用来播放语音或带人声的歌曲。MIDI 格式的文件体积非常小，且重放的效果完全依赖于声卡的优劣。

（二）音频类素材的加工处理技巧

数字音频编辑和处理软件的种类很多，常见且较为典型的软件有：Adobe Audition、Sonar、Vegas、Samplitude、Nuendo、Sound Forge、waveCN、Goldwave、WaveLab 等。

Sound Forge 是一个很全面的音频编辑软件，使用非常广泛。Sound Forge 的操作完全是 Windows 操作系统的风格，这对熟悉 Windows 操作系统的我们无疑是非常适合的，只要学会了 Sound Forge，其他的音频编辑软件也就都能触类旁通了。为此，我们以 Sound Forge 12.0 中文版为例，介绍音频类素材常用的加工与处理方法。

1. 利用 Sound Forge 录制音频

多媒体教学课件往往需要大量的课文朗读、重难点解析等音频文件，利用 Sound Forge 可以方便地录制高品质的音频文件。具体操作步骤如下：

（1）运行 Sound Forge，进入操作界面

（2）新建一个声音文件

单击“文件”→“新建”菜单选项，打开对话框，在这里设置文档的采样频率为 44100Hz，这个标准相当于 CD 格式文件的音质，设置文件的位深为 16bit，声道为双通道(立体声)，单击“确定”按钮。

（3）试音

单击操作界面的录音按钮，打开“录音”面板，设置录音方式等参数，并可以利用右侧音频条的跳动来测试麦克风的音量。

（4）开始录音

单击“录音”面板中的录音图标，当看到右边

地方开始闪烁时，我们就可以进行录音了。录音完成后，单击该面板中的停止图标停止录音。

（5）测听和保存

关闭“录音”面板，返回主操作界面，就可以看到所录制声音的波谱了。

单击播放按钮进行声音文件的测听，单击“文件”→“保存”菜单命令打开“另存为”对话框，在“保存类型”中可以将声音文件保存成所需格式。

2. 利用 Sound Forge 裁剪声音文件

对于一些优美的旋律、好听的歌曲，我们总会情不自禁地想要把它融入课堂教学中或插入到课件中。但往往我们只需要歌曲的一部分，这就需

要裁剪声音文件。下面我们以 Sound Forge 为例介绍其操作步骤：

运行 Sound Forge，单击“文件”→“打开”菜单命令，打开一个声音文件。声音文件在 Sound Forge 操作界面中以波形方式显示，这样就会很容易地找到需要裁剪的部分。利用鼠标拖拽选择欲裁减部分，单击“剪切”按钮，就可以将选中部分裁剪掉。

3. 利用 Sound Forge 调节音量

调节音量是经常要用到的编辑操作。Sound Forge 让我们非常轻松自如地调节一个声音的音量。其具体操作步骤如下：

运行 Sound Forge，单击“文件”→“打开”菜单命令，打开一个声音文件。单击“处理”→“音量”菜单命令，打开音量调节控制面板，用鼠标左键双击这个滑块，就可以使滑块回到零点的位置，即“0dB”。然后再单击鼠标左键拖动滑块到适合的分贝大小，即对音量大小调节。

4. 利用 Sound Forge 进行降噪处理

我们录制声音文件时可能不具备专业录音棚的条件，所以声音文件中必然会存在噪声。这时，我们可以利用 Sound Forge 对声音文件进行降噪处理，其具体操作步骤如下：

运行 Sound Forge，打开一个声音文件。单击“效果”→“噪声门”菜单命令，打开“Sony Noise Gate”面板。在“预置”选框中选择“Noise gate 2”模式，左边的滑块设定了衡量是否为噪声的标准分贝，这个标准可以任意选择，标准越大，降噪效果越好，但对原有音质的损害也越大。单击“确定”按钮，进行降噪处理。

【案例研习】

利用 Sony Sound Forge 制作音频素材

本案例中应用的是 Sony Sound Forge 12.0 中文版，制作音频素材。

1. 运行 Sony Sound Forge 12.0 后进入主界面，如图 2-11 所示。

图 2-11 Sony Sound Forge 12.0 主界面

2. 录制声音文件。在主界面窗口中点击“文件”→“新建”菜单选项，新建声音文件，参数设定如图 2-12 所示。

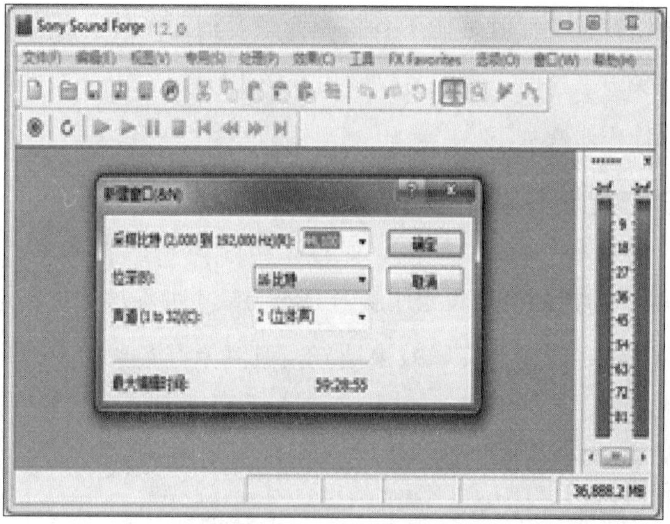

图 2-12 新建声音文件参数设定

3. 点击“录音”按钮，弹出录音控制面板，如图 2-13 所示，开始录音。

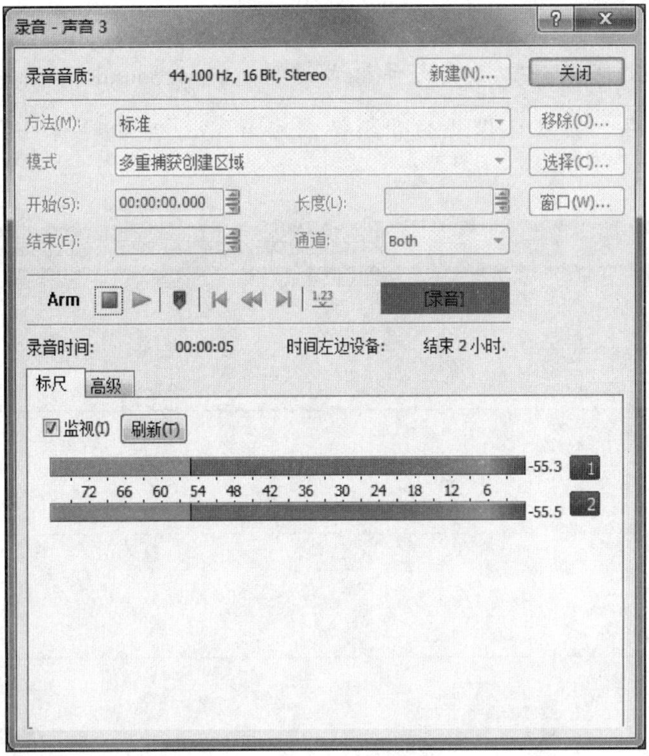

图 2-13　录音控制面板

4. 录音完成后，关闭录音控制面板即可在主编辑窗口看到录制声音文件的波形。如图 2-14 所示。

5. 录制完成后，单击主编辑窗口中的播放按钮进行试听，如果发现音量太小，我们需要对其进行音量的调节。执行“处理”→“音量”菜单选项，弹出如图 2-15 窗口，单击鼠标左键拖动滑块至适合的分贝，点击“确定”按钮即可。

6. 在音量调节到适合的分贝之后，我们还可以对其进行降噪处理。执行“效果”→“噪声门”菜单选项，弹出如图 2-16 窗口，在“预置”选框中选择“[Sys]Noise gate 2”模式，左边的滑块设定了衡量是否为噪声的标准分贝，单击“确定”按钮即可。

7. 制作完成后，单击标准工具栏上的“保存”按钮，或执行“文件”菜单选项中的“保存”命令，打开“另存为”对话框，设置文件保存名，选择文件保存路径及文件格式类型。Sony Sound Forge 支持多种音频格式的保存，其默认保存的音频格式为 WAV。单击“保存”按钮，确认保存。

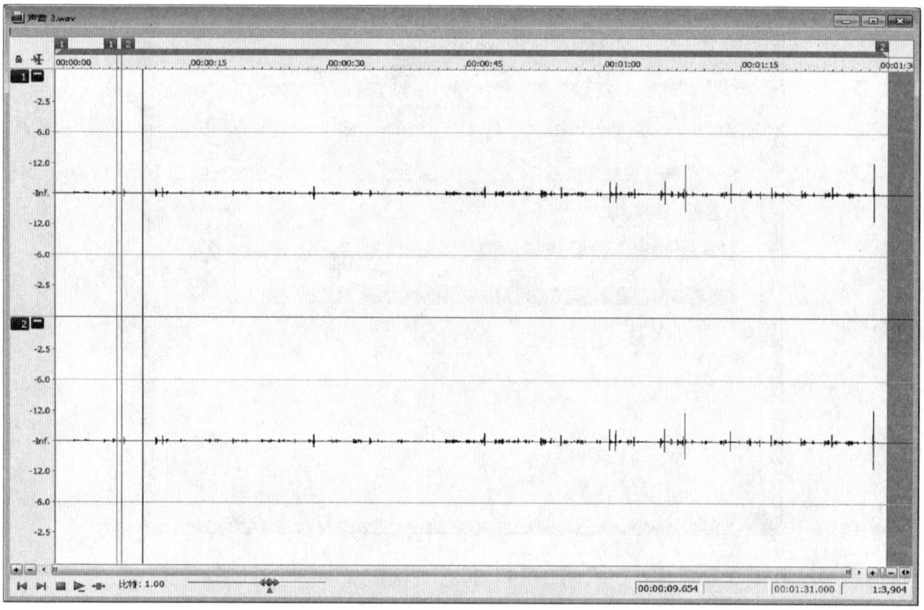

图 2-14　录制的声音文件

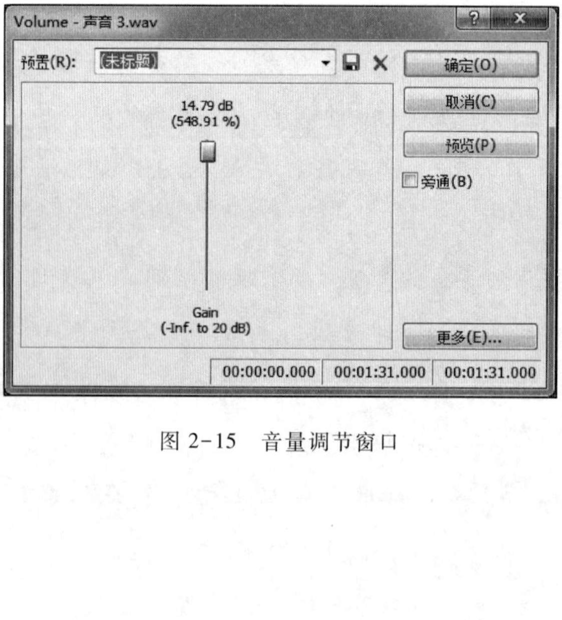

图 2-15　音量调节窗口

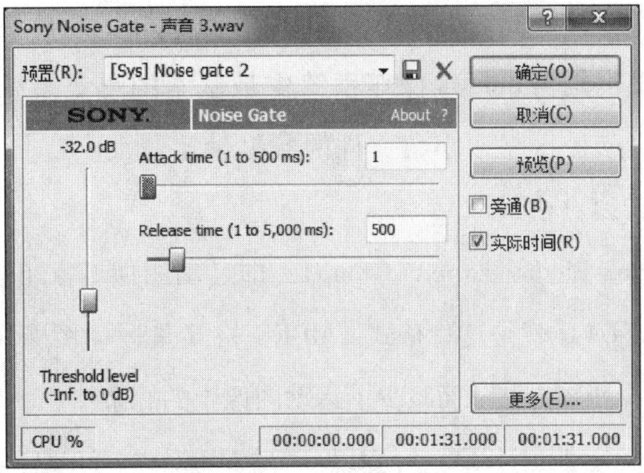

图 2-16 降噪处理窗口

四、视频类素材的加工处理

在信息化教学资源中，视频是最具表现力的一种资源，它具有形象、直观、表达力强的特点，是其他任何媒体所无法替代的。视频素材集图、文、声、像多种元素于一体，不仅为学习者提供丰富的学习内容，而且形象、有效地帮助学习者记忆、理解和思考，是非常有效的一类媒体素材。

(一) 常见的视频类素材格式

视频又称影片、视讯、视像、录像、动态影像，泛指将一系列静态影像以电信号方式加以捕捉、记录、处理、存储、传送与重现的各种技术。当连续的图像变化速度达到每秒超过 24 帧画面以上时，根据视觉暂留原理，人眼无法辨别单幅的静态画面，看上去是平滑连续的视觉效果，这样连续的画面叫作视频。

随着网上的视频传输量与日俱增，各种流媒体文件格式、新视频文件格式等层出不穷，各有其优点和缺点。为了更好地选择与应用视频文件，下面对目前较为流行的一些视频文件格式做简单介绍。

1. AVI 格式

AVI(Audio Video Interleaved)，即音频视频交错格式，它于 1992 年由

微软公司推出。这种视频格式的优点是图像质量好，兼容性比较好，可以跨多个平台使用，是 Windows 操作系统中最基本的也是最常用的一种视频文件格式。其缺点是压缩比小，文件的数据量比较大。

2. MPG(MPEG)格式

MPEG(Moving Picture Experts Group)，即运动图像专家组格式，我们常看的 VCD、SVCD、DVD 就是这种格式。MPEG 格式是运动图像压缩算法的国际标准，它采用有损压缩方法从而减少了运动图像中的冗余信息。目前 MPEG 格式有五个压缩标准，分别是 MPEG-1、MPEG-2、MPEG-4、MPEG-7 和 MPEG-21。

3. MOV 格式

MOV 格式是美国苹果公司开发的一种流式视频格式，默认的播放器是苹果公司的 QuickTime Player。MOV 格式具有较高的压缩比和较完美的视频清晰度等优点，但其最大的特点还是跨平台性，即不仅能支持苹果公司的专属操作系统 MacOS，同样也能支持微软的 Windows 操作系统。

4. WMV 格式

WMV(Windows Media Video)，是微软推出的一种采用独立编码方式并且可以直接在网上实时观看视频节目的文件压缩格式。其主要优点包括：本地或网络回放、可扩充的媒体类型、可伸缩的媒体类型、多语言支持、环境独立性、丰富的流间关系以及扩展性等。

5. RMVB 格式

RMVB 格式的前身为 RM 格式，它的先进之处在于 RMVB 视频格式采用动态码率，打破了原先 RM 格式那种平均压缩采样的方式，在保证平均压缩比的基础上合理利用比特率资源。RMVB 格式在保证了静止画面质量的前提下，大幅提高了运动图像的画面质量，从而图像质量和文件大小之间就达到了微妙的平衡。

6. FLV 格式

FLV 格式是一种全新的流媒体视频格式，全称为 Flash Video。由于它形成的文件极小、加载速度极快，使得网络观看视频文件成为可能，因此 FLV 格式成为当今主流视频格式。目前几乎所有全球热门的在线视频网站都采用了 FLV 视频格式，大家熟悉的优酷以及新浪视频等网站也不例外。

（二）常见的视频类素材的加工处理技巧

视频处理软件被广泛地应用于电视台、广告制作、电影剪辑等领域。可以实现视频处理功能的软件众多，如 Adobe Premiere、Real Producer、Microsoft Media Encoder、Microsoft Windows Movie Maker、Sony Vegas、Campus Edius、Ulead Media Studio、Ulead Video Studio(会声会影)等。

由 Ulead 公司开发的会声会影以简单易用、功能丰富、界面简洁的特点成为当前最流行的产品之一。会声会影集剪辑、特技应用、场景切换、字幕叠加、配音配乐等多种功能于一体。我们以会声会影 2018 专业中文版为例，介绍视频类素材的加工与处理方法。

1. 利用会声会影捕获视频

启动“会声会影 2018 专业中文版”，选择“会声会影编辑器”，进入工作界面。

会声会影捕获视频

单击“捕获”步骤，显示“素材库”和“捕获选项面板”，其中有四种可用的媒体捕获和导入方法：单击“捕获视频”，将视频镜头和照片从摄像机捕获到计算机中；单击“DV 快速扫描”，将扫描 DV 磁带，并选择想要添加到影片中的场景；单击“从 DVD/DVD-VR 导入”，从 DVD/DVD-VR 格式的光盘中添加媒体素材。

2. 利用会声会影编辑视频

利用会声会影默认项目或是创建一个新的项目(“文件”→“新建项目”)进行视频编辑。

视频的相关处理

（1）导入视频素材

单击“编辑”步骤，在“素材库”管理面板选择素材类别(如“视频”)，单击右侧的加载按钮，将对应素材(如视频、音频、图片、文本等)

导入素材库。

（2）添加视频素材

在素材库“视频”中选择视频素材，将其拖放到“视频轨”或“覆叠轨”上；或右击素材库“视频”中的视频素材，然后选择“插入到：视频轨”或“插入到：覆叠轨”。添加视频素材成功后，双击轨道上的某个素材，在右侧属性面板上可以对该素材进行参数调整。

（3）添加背景音乐或解说词

单击“编辑”步骤，在素材库“音频”类别中选择所需的声音文件并将其拖放到对应轨道(“声音轨”或“音乐轨”)，利用右侧的“音乐和声音”属性面板调节音量、声音区间、回放速度等。还可利用播放器面板的“标记”[ ]和“剪辑”按钮裁剪、删除多余的声音，改变声音文件的长度。

（4）添加转场特效

视频的转场和输出

单击“效果”步骤，在效果库中选择转场类别，如“三维”，通过缩略图确定转场效果，将其拖放到时间轴上两个视频素材之间，为视频添加转场特效。

（5）创建标题

会声会影提供多种预设标题。单击“标题”步骤，选择预设标题类型，将其拖放到“标题轨”。双击预览画面，修改标题内容，并在右侧标题属性面板设置字体、字号、边框、背景等。

（6）视频输出

切换到“分享”步骤，单击“创建视频文件”，选择输出格式，输入创建视频文件名称，单击“保存”按钮。

【案例研习】

利用会声会影制作电子相册

本例中应用的是会声会影2018专业中文版，制作电子相册。

1. 启动会声会影2018专业中文版，主界面如图2-17所示。点击“文件”→“新建项目”菜单选项，新建项目文件。

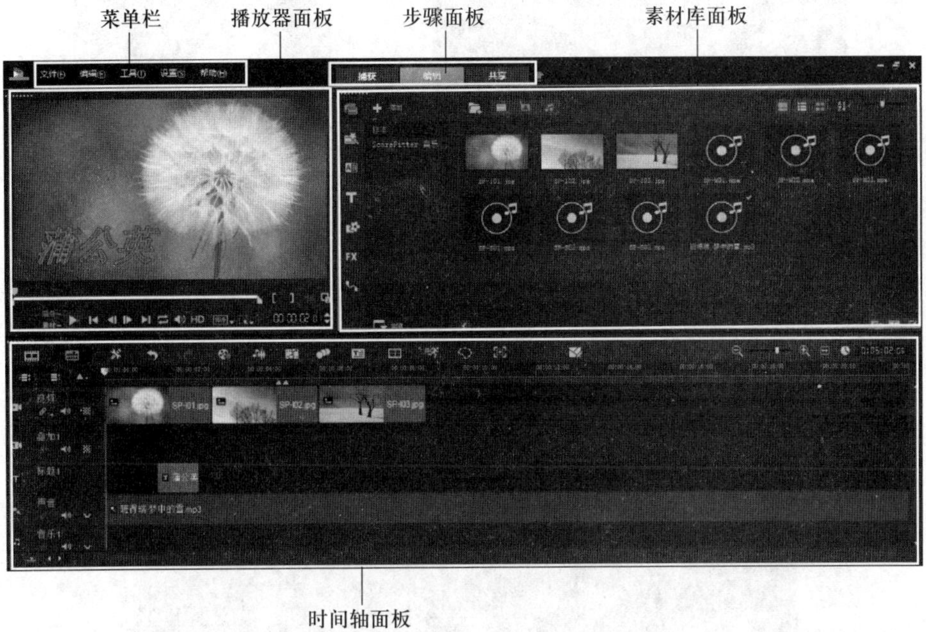

图2-17　会声会影2018专业中文版主界面

2. 单击“编辑”步骤，将所需的图像、音频素材导入素材库。如图2-18所示。

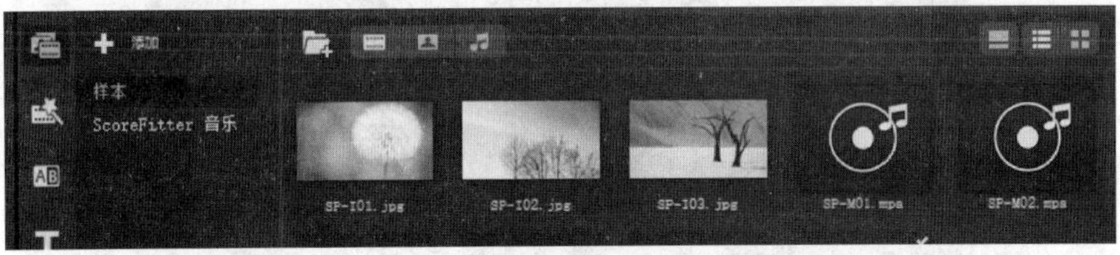

图2-18　图像素材导入

3. 切换到“时间轴视图”，如图2-19所示。将图像、音频素材拖放到时间轴的对应轨道上。双击视频轨中的第一张图像，在右侧图像属性面板上可以调整图像区间、进行色彩校正、调整图像采样或设置动态效果。

4. 当前属性面板显示图像的播放时间为3秒，如图2-20所示，这是系统默认的图像区间。现在要将图像播放时间改为5秒，可以单独调整或批量修改。

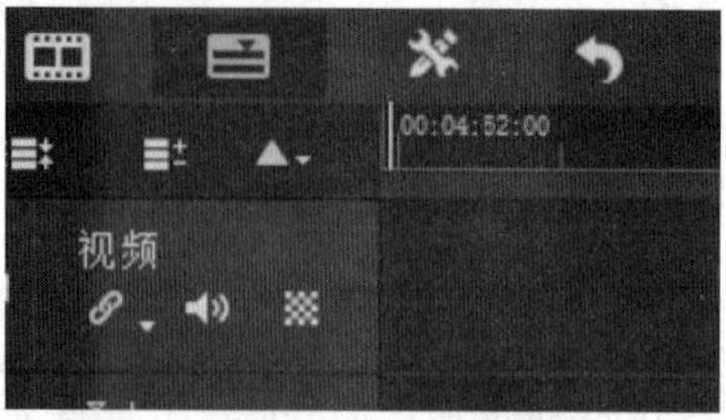

图 2-19　切换到时间轴视图

图 2-20　图像区间

5. 选择“文件”→“参数选择”菜单选项，或直接按 F6 快捷键，进入“参数选择”对话框。选择“编辑”选项卡，将“默认照片/色彩区间(I)调整为 5 秒，单击“确定”按钮，如图 2-21 所示。然后将时间轴上的

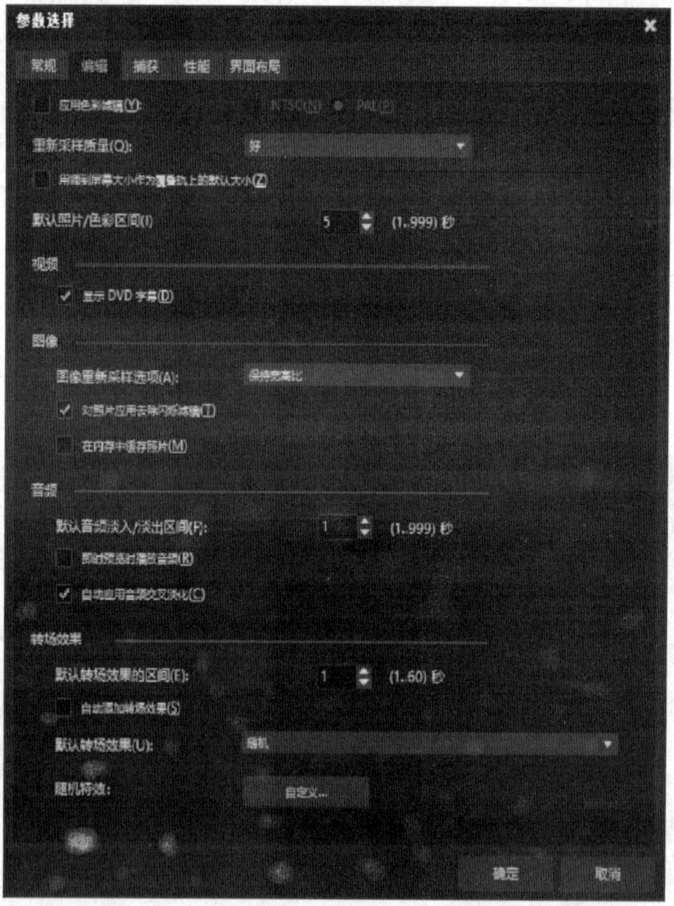

图 2-21　参数选择对话框

图像删除，将素材库中的图像重新添加到时间轴上，所有图像的时间长度被批量修改为 5 秒。

6. 在右侧图像属性面板上选中“摇动”和“缩放”按钮，在下拉菜单中选择一种缩略图，或是通过“自定义”设置，为当前静止图像设置动态效果。如图 2-22 所示。

7. 单击“效果”步骤，在效果库中选择一种转场效果，并拖放到视频轨中两个图像素材之间，如图 2-23 所示。使用同样方法为其他素材添加转场特效。

图 2-22　设置动态效果

图 2-23　添加转场效果

8. 单击“标题”步骤，为视频添加片尾字幕，可以包括版权信息和制作人信息等。在标题库中选择一种标题样式，将其拖放到标题轨上，然后双击该标题样式，在播放器面板上输入标题内容，如图 2-24 所示。在右侧

图 2-24　在播放器面板上输入标题内容

标题属性面板上设置标题的字体、字号、文字背景、对齐方式等参数，如图 2-25 所示。

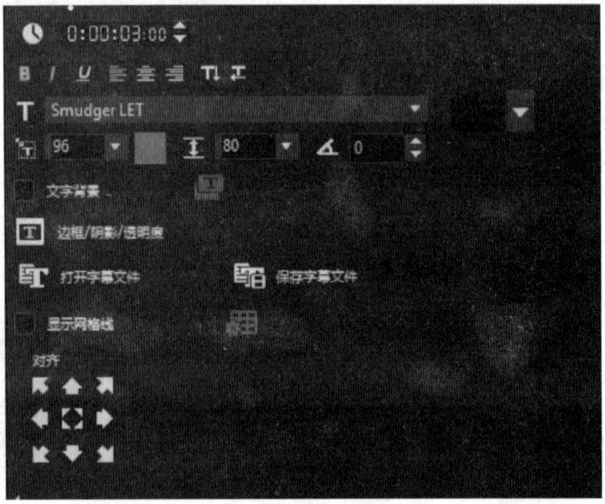

图 2-25　调整标题参数

9. 切换到“音频视图”，如图 2-26 所示。在右侧音频属性面板上单击“音乐轨”按钮，调节音频的音量，如图 2-27 所示。在音乐轨上设置音乐的淡入淡出效果，在音频初始位置单击红线，添加多个控制点，然后调整控制点的位置，实现淡入效果，如图 2-28 所示。采用同样的方法，在音频末端通过控制点设置淡出效果，如图 2-29 所示。

10. 点击“分享”步骤，选择“创建视频文件”，在下拉菜单中选择输出文件格式。如果想在电脑上清晰播放，可以选择“HDV 720p-25p（针对 PC）”。在弹出的“创建视频文件”对话框，选择文件的保存位置和保存名称，然后单击“保存”按钮，开始渲染，待渲染完成后，文件即被导出。

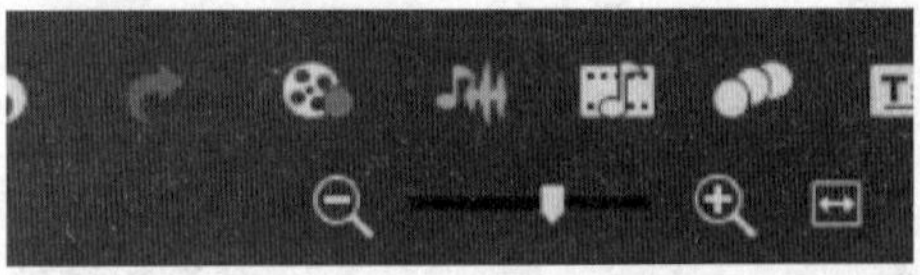

图 2-26　切换到音频视图

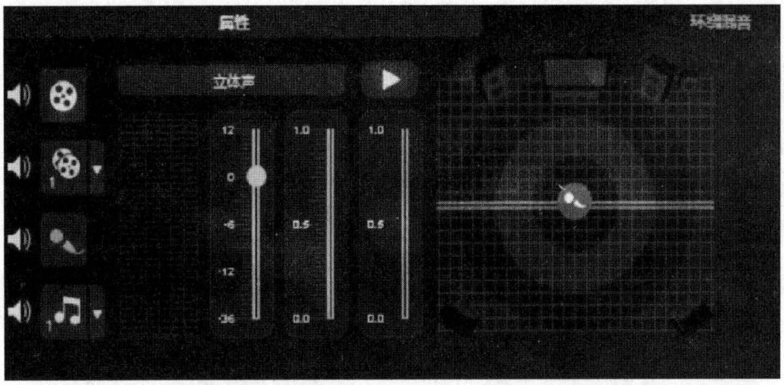

图 2-27　调节音频音量

图 2-28　淡入效果

图 2-29　淡出效果

实践运用

1. 某日，张老师在备课时突然联想到曾经读过的一首诗，想将此作为课程资源介绍给学生。但他记不清诗名、作者，也无法回忆起具体的内容，唯独对其中一句“当我们跨越了一座高山”记忆犹新。

请思考：如何通过搜索引擎找到关于该诗的全文？如何设定关键词，使用哪些搜索技巧会更准确、更快速地得到搜索结果呢？

2. 在给大一新生进行入学教育时，您需要用“家”“告别”“第一次”“遇见”作为关键词来引导新生逐步适应大学生活。泛泛而谈不如具体形象，为此您打算借用《朗读者》中这四个相关主题的视频或音频资源来帮助学生。

请思考：该选用哪一个或哪几个下载工具，能够快速有效地获取您需要的资源？并请尝试用您选择的工具下载《朗读者》第一期中由柳传志朗读的《写给儿子的信》的节目视频。

3. 请结合您的日常教学实践情况，分析在自己的教学中使用了哪些类型的教学资源，其中哪种类型的资源是您使用最多的，并说明原因。同时，请结合表2-1分析各种不同类型的教学资源在课程教学中的优势与劣势。

表2-1 不同类型的教学资源使用对比

资源类型	使用频率(经常/偶尔/很少)	优势	劣势

第三章　信息化教学工具

【学习目标】

➤ 能够使用 XMind 软件绘制思维导图。
➤ 能够使用 Inspiration 软件绘制概念图。
➤ 能够使用在线作图软件 ProcessOn 软件绘制思维导图等多种图形。
➤ 能够正确区分思维导图和概念图的区别，并能够在教学中使用二者。
➤ 能够知道不同学科都有专门的信息化教学软件支持其工作。
➤ 了解网盘的概念以及网盘在教学和科研中的用途。

【知识导图】

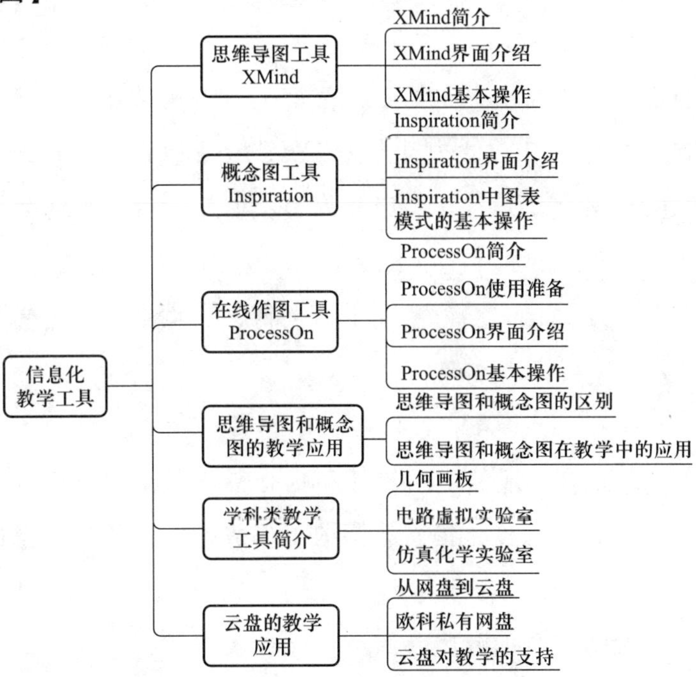

【核心术语】

思维导图 概念图 在线作图软件 网盘

【应用工具】

XMind Inspiration ProcessOn 欧科私有云盘

【问题情境】

小王是某高校生物系的一名老师，他在教学中常常苦恼如何更有效地向学生解释各种物种和种群之间的关系，以及如何组织学生头脑风暴。在同事的介绍下，他知道了 Inspiration 软件。Inspiration 软件可以简单方便地绘制出各种概念之间的关系图，直观地展现给学习者，而且还可以帮助学习者在复习时梳理知识点之间的结构，也可以帮助师生在讨论时梳理各种混乱的观点，使其变得有条理，自此他爱上了 Inspiration 这个软件，经常与同事分享她的使用经验。

邓老师在多年的教学中积累了大量的视频案例，每次下课后学生都要求拷贝回去后再学习，但是因为文件大，数量多，拷贝起来要花很长时间。自从用了网盘之后，这些困扰就都没有了，而且他还发现有了网盘后，他也不用再随身携带和担心丢失移动硬盘了。因为无论是在家里、学校或其他任何地方，只要能够连上互联网，他都可以管理和使用网盘里的文件。

实际上，有很多一般的应用软件和具有特殊用途的应用软件都可以用来支持教师的教学工作，提高教师的工作成效。我们可以把这类应用软件称为教学工具。为此，本章将主要介绍 XMind、Inspiration、ProcessOn、云盘等工具的使用。

第一节 思维导图工具 XMind

思维导图(Mind Mapping)，又称心智图，俗称脑图，是一种利用图表表现发散性思维的工具。它通过图像、文字、色彩、线条等将各个主题之间的层级关系用发散图的形式表现出来。思维导图既可以手绘，也可以借助软件绘制。常见的思维导图绘制软件有 Mindjet MindManager、iMindMap、NovaMind、XMind 和 MindMapper 等，本节以 XMind 为例介绍思维导图的绘制。

一、XMind 简介

XMind 是由 XMind 公司开发的一款优秀的思维导图和头脑风暴开源软件。它能够帮助使用者轻松地以图的形式记录想法和灵感，管理复杂信息以及帮助组织完成项目和协作管理。XMind 支持 Windows、Mac、Linux 主流操作系统，还可以在局域网内部共享，可以保存到 Evernote(印象笔记)中。XMind 商业版可以和其他许多软件如 Microsoft PowerPoint、Microsoft Word、Microsoft Excel、Adobe Reader 等无缝集成，进行内容的导入和导出。该软件于 2008 年正式发布以来荣获了多项荣誉，2013 年入围 Red Herring 亚洲 100 强，2014 年在国外知名网站 Lifehack 上被评选为最好的头脑风暴和思维导图。

XMind 目前有 XMind 和 Xmind ZEN 两个系列的产品。

XMind 分为：XMind Free(免费版)，XMind Plus(增强版)，XMind Pro(专业版)和 XMind Pro Subscription(专业订阅版)。各个版本的功能比较见表 3-1，本书对 XMind 8 版本做介绍。

XMind Free 支持文件编辑历史、黑匣子、局域网共享、保存到

Evernote、分享到 XMind Share、超链接、打印、附件、拼写检查、导入 Word 文件等功能。

表 3-1 XMind 8 各个版本功能比较

XMind 8		
免费版	增强版	专业订阅版
所有类型的图表	所有类型的图表	所有类型的图表
主题与模板	主题与模板	主题与模板
保存到 Evernote(印象笔记)	保存到 Evernote(印象笔记)	保存到 Evernote(印象笔记)
局域网共享	局域网共享	局域网共享
	导出到 PDF/Word/PPT/Excel/SVG/OpenOffice	导出到 PDF/Word/PPT/Excel/SVG/OpenOffice
	创意工具箱	创意工具箱
		头脑风暴模式
		演示模式
		甘特图
		商业工具箱
		60000+图标

XMind Plus(增强版)不仅支持 XMind Free 的所有功能，还增加了导出到多种格式的文件(如 PDF、Word、PPT、Excel、SVG、OpenOffice 等)，创意工具箱(包括剪贴画、提取风格、智能截图、合并图、高级过滤、风格/样式编辑器以及导出 XMind 资源包等)等功能。

XMind Pro 不仅支持 XMind Plus 的所有功能，还增加了导出到 MS Project、头脑风暴模式、演示模式、甘特图、商业工具箱(包括密码保护、录音、任务管理、搜索功能以及索引视图等)等功能。

XMind Plus 和 XMind Pro 是需要付费的，一旦购买，即可永久使用其付费功能并获得所有小版本的升级更新。XMind 专业订阅版与专业版功能相同，只是专业订阅版为分年订阅，一旦订阅过期，则只能使用免费版的功能，除非继续订阅。

XMind ZEN 是 XMind 的突破性产品，该版本采用了全新思维导图引擎 Snowbrush。ZEN 寓意为禅，该产品界面极简，但却具有先进的图形渲染技术，强大的绘图功能让思维导图突破过往种种限制，拥有更多的可能性。相比于 Java 和 Eclipse 的种种约束，拥有更大的拓展性。本版本完美兼容 XMind 8，XMind 8 所有的图形都能使用，XMind ZEN 的完美呈现提升了思维导图的展示效果，丰富了绘图的元素。

XMind ZEN 分为免费版、订阅版和单机许可版。免费版导出的图片/PDF 带有水印，订阅版允许一个账号将 XMind ZEN 安装在两台机器上使用。单机许可版适用于将 XMind ZEN 安装在一台机器上供多个用户(非远程)共享使用的场景，比如在教育机构、政府及其他特定场合下的使用。

XMind ZEN 与 XMind 8 Pro 的对比如表 3-2 所示。

表 3-2　XMind ZEN 与 XMind 8 Pro 对比①

	XMind ZEN	XMind 8 Pro
专业性	👍👍👍	👍👍👍👍👍
美观性	👍👍👍👍👍	👍👍👍
丰富的图形结构	👍👍👍👍👍	👍👍👍👍👍
图形渲染	全新的 Snowbrush 内核	
软件界面	简约、美观	经典、专业
全屏模式	集专注于 ZEN 模式	头脑风暴、幻灯片演示、甘特图
iOS 兼容	100%兼容	兼容，但导图框架呈现略有不同
导出和分享	PDF/Evernote/Office/Markdown	PDF/Evernote/Office/SVG

本书以 XMind 8 免费版为例进行介绍。

XMind 8 免费版(Windows)的下载与安装

二、XMind 界面介绍

XMind 的工作界面非常简洁，主要由六个部分构成：菜单栏、快捷图标

① 资料来源：XMind 网站。

栏、导图绘制区、标签、工具栏和状态栏。图 3-1 是 XMind 的界面。

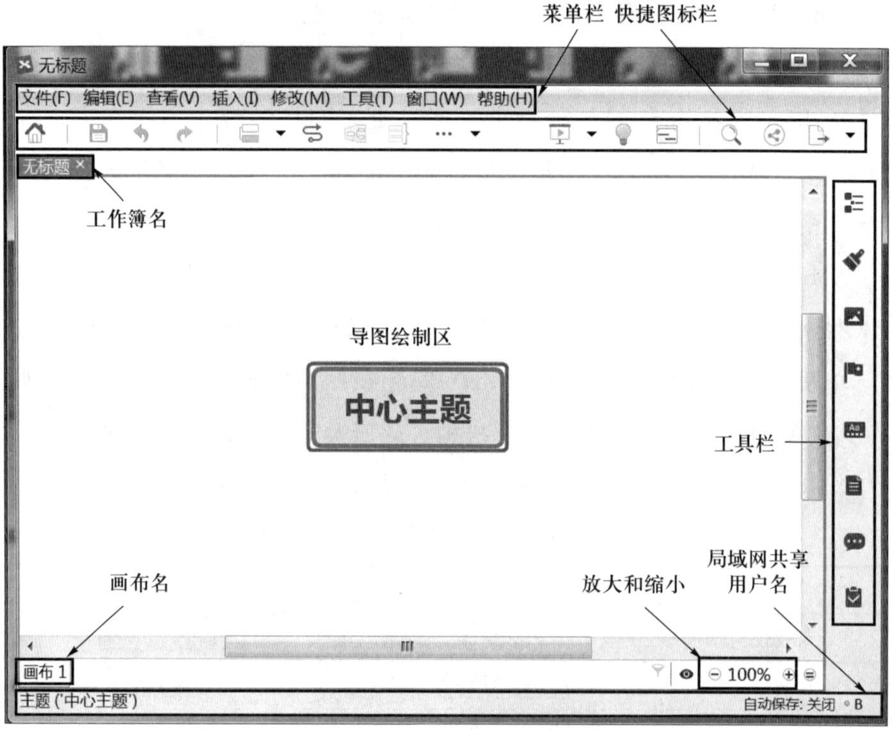

图 3-1　XMind 的界面

1. 菜单栏

和其他办公软件相似，菜单栏位于整个窗口左上方。包括“文件”“编辑”“查看”“插入”“修改”“窗口”和“帮助”等命令组合。其中，“文件”菜单是一组与“新建”“保存”“打印”以及“导出为其他格式”相关的命令。“编辑”菜单则包含常见的“复制”“剪切”“打印”“撤销”“恢复”等命令。“插入”和“修改”菜单则是关于绘制思维导图的两组命令。

2. 快捷图标栏

通过快捷图标栏(图 3-2)，可以快速选择命令保存、编辑和导出思维导图。

注意：免费版不支持“演示”“头脑风暴”“甘特图”等操作。

3. 思维导图绘制区

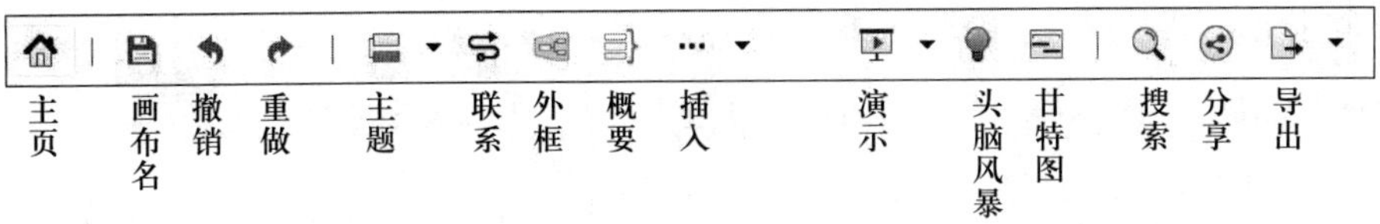

图 3-2　快捷图标栏

思维导图绘制区就是画布，通常从画布中心开始绘制思维导图的中心主题。XMind 也允许用户调整中心主题在画布中的位置。

每个 XMind 文件可以有多张相互独立的画布，即独立的思维导图。每张图都是相互独立的，可以各自设定不同的结构、属性、风格等。每张图的默认名称都是中心主题的内容，位于画布的左下方。

4. 工作簿标签与画布标签

每个 XMind 文件就是一个工作簿。工作簿标签并排显示打开的或者创建的多个 XMind 文件。单击不同的工作簿标签可以切换打开不同的导图文件。右击工作簿标签或者工作簿标签上方的“×”可以关闭工作簿。

画布标签的作用也是并排显示打开的或者创建的多个思维导图，以方便用户在不同思维导图之间进行切换。

鼠标右击画布标签会出现图 3-3 所示的关联菜单，通过该菜单可以进行创建新画布、复制画布、重命名画布等操作。

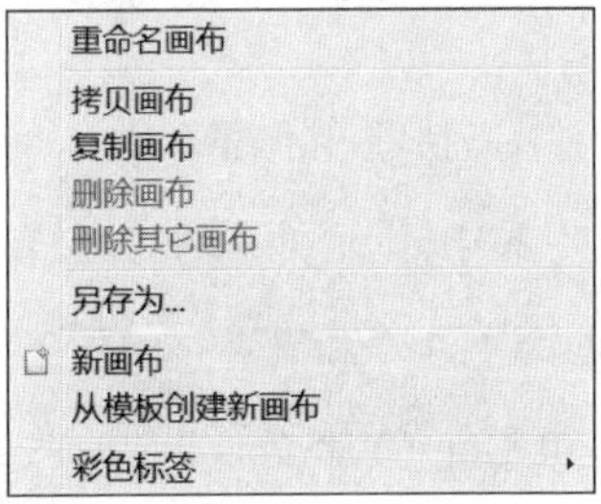

图 3-3　画布关联菜单

此外，创建画布的方法还有：

- 通过快捷键“Ctrl+T”创建画布。
- 使用快捷键“Ctrl+Alt+N”从模板创建新画布。
- 使用菜单命令“插入”→“新画布”。

5. 工具栏及其属性框

工具栏位于画布右侧，见图 3-4。单击每个工具则会在其左侧出现与所选择工具对应的属性栏，用户可以进行不同设置。例如，首先选中图中某个主题，再点击“格式”工具后，就可以在其对应的属性栏中设置思维导图的结构、文字格式、外形和边框等特性，从而形成具有个性特色的思维导图。

6. 状态栏

状态栏位于窗口最下方。状态栏除了显示正在操作的主题外，还可以快速关闭或打开文件、自动保存文件、执行局域网共享、设置 XMind 首选项等操作。具体方法是鼠标右击状态栏最右侧的局域网共享用户名，即可打开相应的关联菜单。

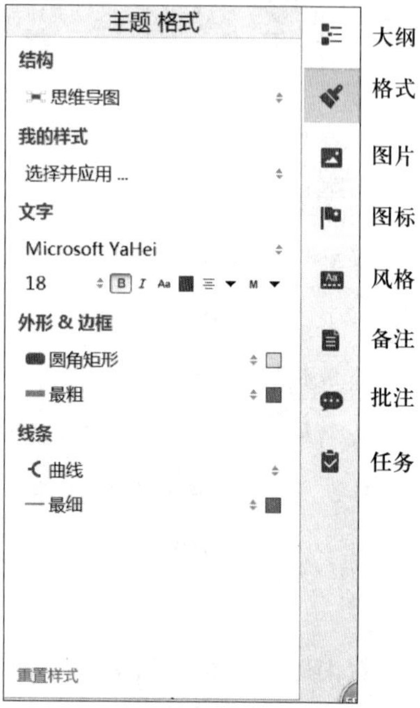

图 3-4　工具栏及其属性框

三、XMind 基本操作

1. 新建工作簿

XMind 软件启动后，首先出现的就是图 3-5 这个界面。鼠标直接单击画布中的“新建空白图”就可以创建一个新的工作簿。此外，还可以利用菜单栏上的“文件”→“新建”→“新建空白图”来建立一个新的思维导图工作簿。如图 3-6 所示。

空白图：这个是默认选择。该模式提供了多种不同结构的空白思维导图：思维导图、平衡图（向下、顺时针、逆时针）、组织结构图（向上和向下）、树状图（向左和向右）、逻辑图（向右和向左）、时间轴（水平和垂直）、鱼骨图（向右和向左）以及矩阵图（行和列）等。发散性思维适合用思维导图，组织关系适合用组织架构图，时间关系适合用水平或者垂直时间轴，总之，根据实际情况来选择不同结构的思维导图。

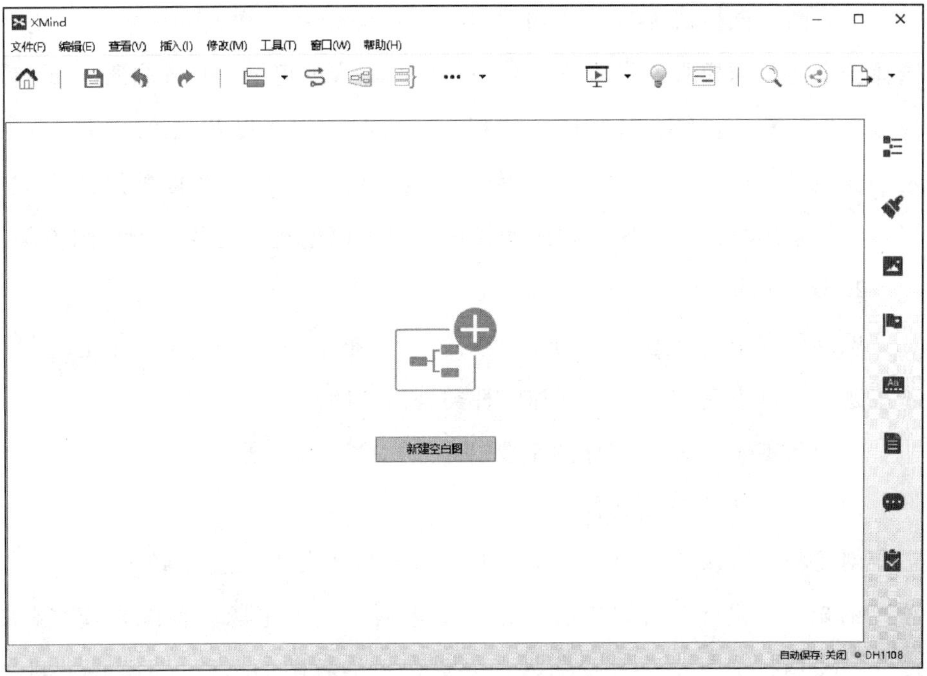

图 3-5　新建空白思维导图

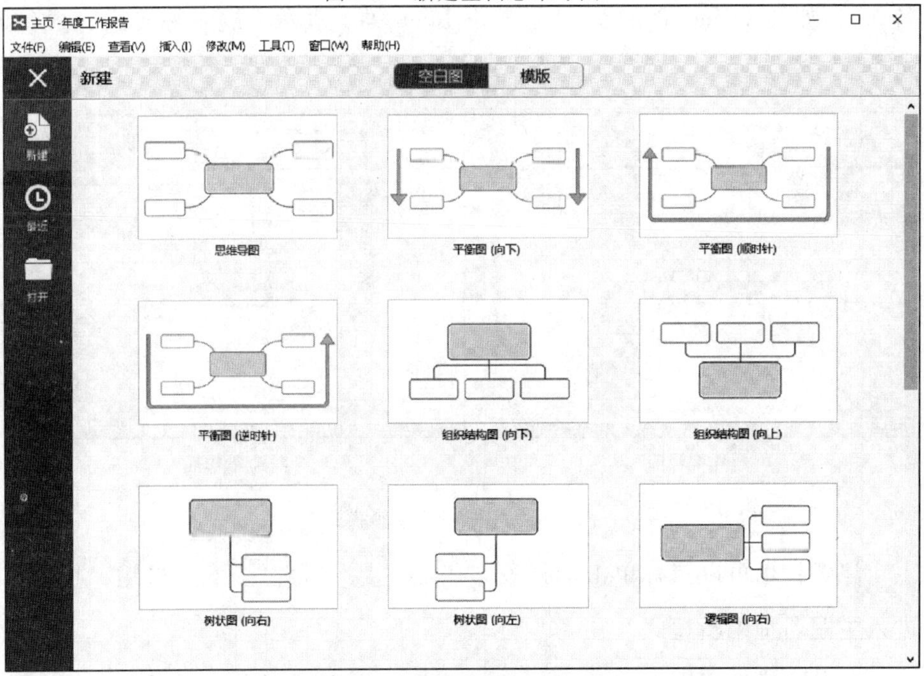

图 3-6　建立新思维导图的两种方式

模版图：该模式为每种结构的思维导图预设好了样式和内容。使用者选择符合需要的模版，然后修改其中对应的内容即可。XMind 自带了 21 种模版，包括默认模版、鱼骨图、流程图、组织结构图以及二维图等，在一定程度上可以提高用户的工作效率，并为思维导图初学者提供思维支架。当然，如果用户不满意这些现成的模版，也可以创建自己的思维导图模版。

2. 绘制思维导图

思维导图由多个主题构成，默认用矩形框表示。XMind 有中心主题、子主题、父母主题和自由主题等四种类型的主题。

使用 XMind 绘制思维导图主要有以下六个基本步骤。

使用 XMind 绘制思维导图

(1) 输入中心主题名称

创建一个默认空白图后，在思维导图绘制区会出现一个名为“中心主题”的矩形。鼠标双击“中心主题”矩形后，进入主题名称编辑模式(如图 3-7(a))，这时即可直接输入想要创建思维导图的名称(即中心主题的名称)，如“XMind 简介”，然后按下 Enter 键，表示主题名称输入完成(如图 3-7(b))。

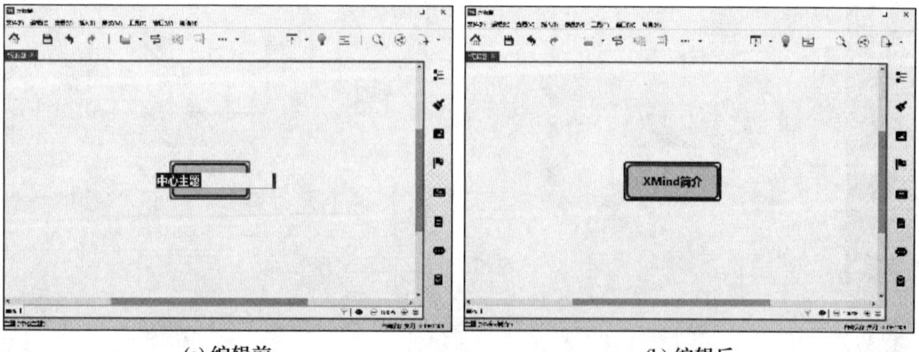

(a) 编辑前　　(b) 编辑后

图 3-7　主题名称编辑模式

注意：也可以鼠标单击选择该“中心主题”后，按下空格键，也可以进入主题名称编辑模式。

主题宽度会根据文字的多少自动调整，如果不满意，可以在主题名称编辑模式下，用鼠标拖动主题名称输入框右侧的绿色块左右移动，即可实现手动调整主题宽度。

（2）添加其他主题（同级主题与子主题）

可以通过菜单栏中的“插入”菜单添加各类主题。如图 3-8 所示。

具体执行步骤为：

1）选中某个主题，例如“XMind简介”。

注意：添加主题之前必须选中一个主题。

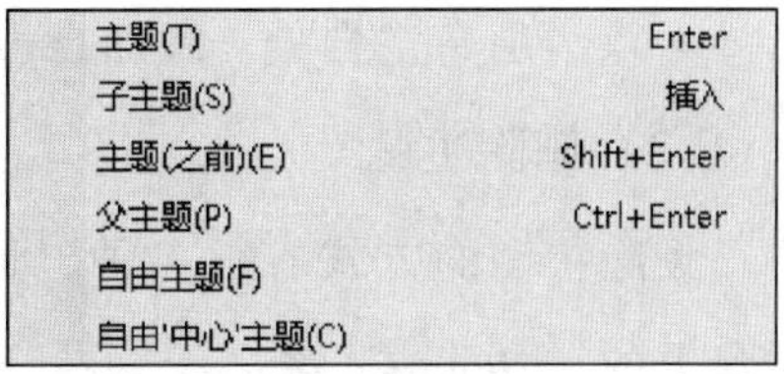

图 3-8　添加主题

2）在菜单栏选择“插入”，然后选择需要的主题类型。

- “主题”：用来添加分支主题或者与当前主题同级的主题。
- “子主题”：用来添加当前主题的子主题。
- “主题（之前）”：用来添加一个与当前主题同级但位置在其之前的主题。
- “父主题”：用来为当前主题添加一个父主题。
- “自由中心主题”：用来创建一个与中心主题具有相同属性的自由主题。
- “自由分支主题”：用来创建一个与分支主题具有相同属性的自由主题。

3）输入主题名称。

4）按下“Enter”键。

此外，还可点击快捷图标栏上的添加相应的主题，也可以借助右键菜单添加各种主题。但是，添加主题最简便的操作还是通过快捷键，操作方式如下：

- “Insert”键或“Tab”键：为选中的某个主题添加子主题。
- “Enter”键：若该主题处于输入状态则确认输入的文字，否则将新建与该主题相同级别的主题。

- “Shift +Enter”键：添加一个与当前主题同级但位置在其之前的主题。
- “Ctrl +Enter”键：添加一个当前主题的父主题。
- 双击画布空白处：添加自由分支主题。

（3）删除主题

删除主题的方式有很多种，最方便的操作是选中不需要的主题，按下键盘上的“Delete”键。

（4）复制、剪切和粘贴

XMind 还支持主题的复制、剪切和粘贴，这些操作命令均在“编辑”菜单里，操作方式和常见办公软件中的操作一样。当然最快捷的方式还是记住快捷键：“Ctrl+X”键(剪切)、“Ctrl+C”键(复制)、“Ctrl+V”键(粘贴)。

（5）调整主题在思维导图中的位置

调整某个主题在思维导图中的位置，例如，将图 3-9(a)中的“子主题 2”调整到“子主题 5”与“子主题 6”之间，具体的操作步骤为：

1）用鼠标选中“子主题 2”，然后将其拖动到目标位置。

2）观察拖动过程中出现的红色连接向导，见图 3-9(b)，它会显示当前的主题连接和关系。此时，“分支主题 2”主题被红色矩形标示，说明被拖动的“子主题 2”已经成为“分支主题 2”的子主题，红色矩形条位于“子主题 5”与“子主题 6”之间，说明“子主题 2”此时已经到达预期位置，松开鼠标即可。

（6）添加主题之间的外框与联系

XMind 可以通过外框来说明思维导图中的某些主题的内容之间存在一定相关性(如图 3-10)。外框的形状、颜色、填充颜色等均可灵活设置。

注意：不同分支下或者不同父主题下的主题不能添加外框。

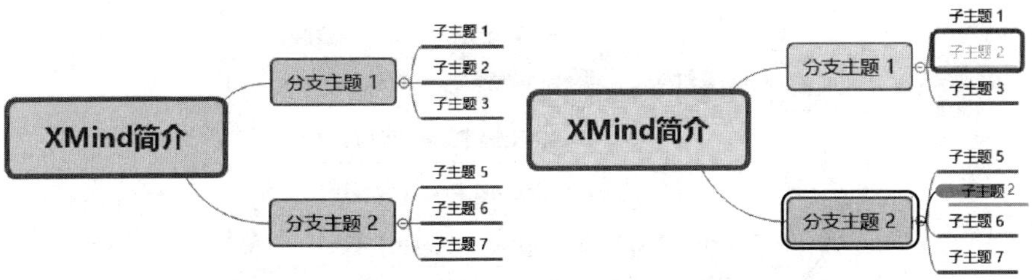

(a)　　　　　　　　　　　　(b)

图 3-9　拖动主题示例

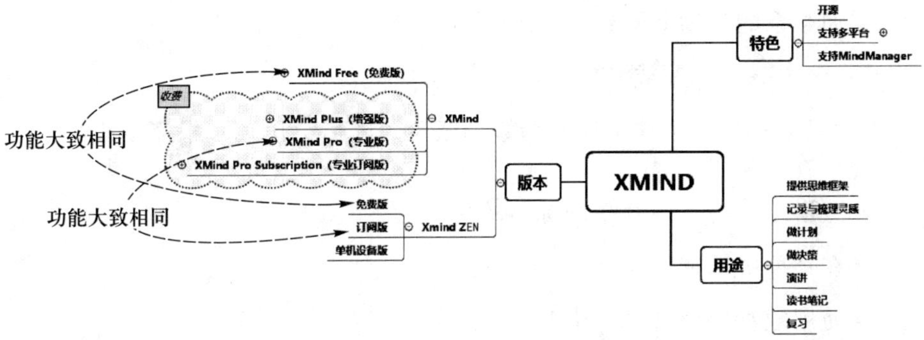

图 3-10　外框与联系示例

添加外框的步骤如下：

1）选中目标主题。

2）可以采用以下四种方法中的一种添加外框：

- 点击快捷图标栏上的外框图标。
- 在菜单选择“插入→外框”。
- 点击鼠标右键，在右键菜单中选择“外框”。
- 直接使用键盘快捷键“Ctrl+B”。

3）拖动外框边缘的滑块来更改外框的比例。（如图 3-11）

4）如果需要，双击外框，在输入框中添加文字解释。（如图 3-11）

XMind 使用连接线说明两个主题或两个外框之间存在某种关系。例如，图 3-10 中连接线说明 XMind 专业版与 XMind ZEN 订阅版的关系是二者的功能大致相同。

图 3-11　外框说明与大小调节

添加联系的步骤如下：

1）选中一个主题或者外框。

2）以下三种方法均可以开始添加联系，随后会出现一根连接线。

- 点击工具栏上的联系图标 。
- 在菜单中选择“插入”→“联系”。
- 使用键盘快捷键“Ctrl+L”。
- 右击主题，在右键菜单中选择“插入”→“联系”。

3）单击目标主题或者外框，建立联系（如图 3-12）。

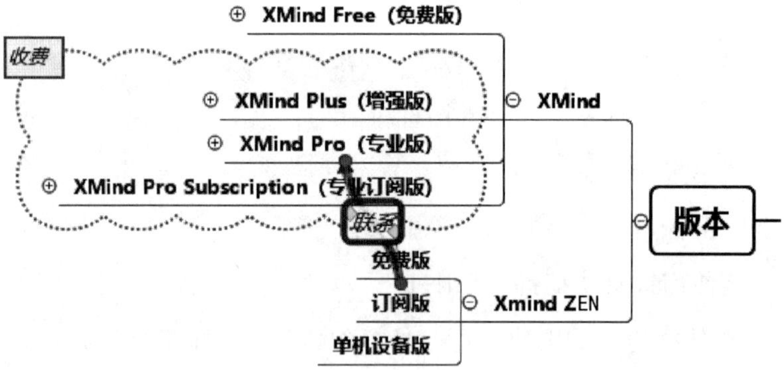

图 3-12　建立联系

4）单击连接线，拖动连接线上的两个黄色调节柄，可以改变连接线的形状。

5）如果需要，双击连接线上的文字框输入文字，描述两个主题之间的关系。

（7）美化思维导图

美化思维导图是指修改思维导图中各个元素(包括主题、连接线、背景、文字等)的属性，如形状、颜色、字体、字号、颜色、结构等。

XMind 美化思维导图

美化思维导图的工具是工具栏中的，其对应的属性栏如图 3-13 所示。

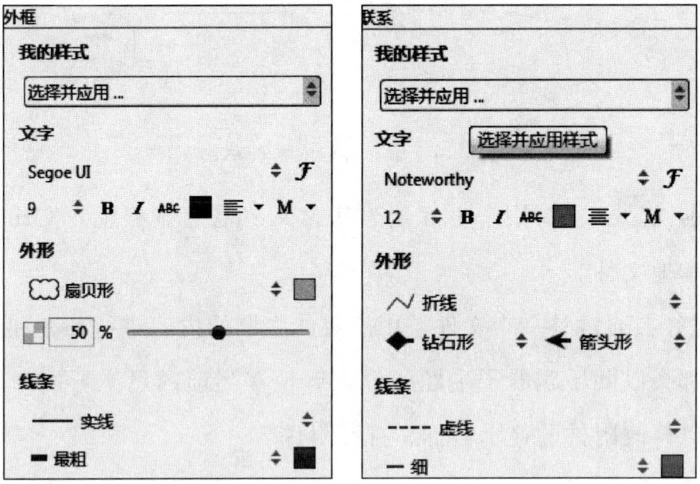

(a) 外框属性栏　　(b) 联系属性栏

图 3-13　属性栏示例

美化思维导图的步骤如下：

1）选择需要美化的对象。

2）打开对应的格式属性框：单击工具栏中的格式工具。也可以单击右键，打开关联菜单，选择“格式”命令。

3）按照需要设置相应属性。

（8）丰富思维导图元素

XMind 为用户绘制思维导图提供了图片、图标、附件、备注、超链接等元素，用于补充、说明主题的内容。例如，图 3-14 在思维导图中加入了

XMind 软件 LOGO 图片、按钮图标等，有强化记忆、美化导图的作用。“演讲”这个主题后的图标是说明此处添加了超链接，链接了一个网页；“读书笔记”主题后添加了附件“《科学学习》读书笔记. docx”。

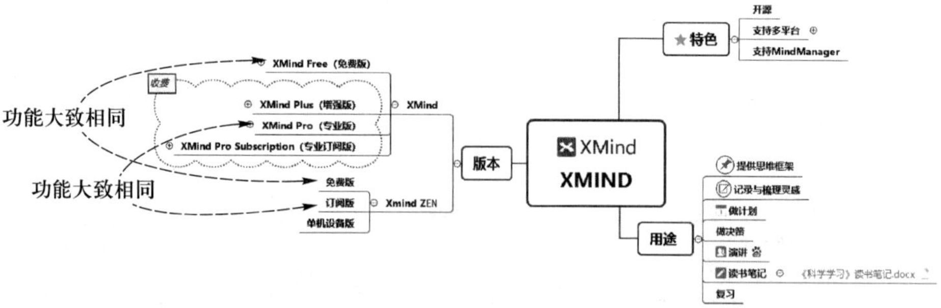

图 3-14　添加其他元素的示例

1）图片：主要用来更好地表达含义，也更显美观。XMind 免费版只能添加本地文件。

2）附件：通常是一个文件，用于对此主题的内容进行补充和说明。添加的附件都会以此主题的子主题的形式展现在当前的思维导图中。添加附件后，可以修改附件的显示名称，打开附件。

3）标注：是添加附加文本信息的有效方式，在 XMind 7 及以后的版本中，标注不再是一个形状，还可以成为主题的附件，可以添加子主题。

4）批注：用于记录对思维导图的意见与评论。

5）备注：通常是文字、图表、图片等的综合，丰富此主题的内容，增强表达效果。

6）超链接：可以将互联网上的某个特定内容的地址、本地的某个文件夹或者主题链接到思维导图中，从而增强思维导图内容的丰富性。

7）标签：是附着在主题底部的底色，是黄色的，用来分类、标注此主题的文字。一个主题可以拥有多个标签，它们彼此之间用逗号隔开。在图标视图中，不仅可以看见所有的标签，而且还可以使用这些标签进行过滤。

8）图标：主要用来更好地表达含义，也更显美观。

添加这些元素有三种方法：

• 单击菜单栏上的“插入”，然后选择需要添加的元素类型，见图3-15。注意：图中标注了“(pro)”的类型只有商业版的 XMind 软件才支持。

• 单击快捷图标栏中的图标。

• 单击右侧工具栏中图片、图标、批注、备注、任务信息等工具按钮(图 3-4)。

3. 保存和导出思维导图

(1) 保存

XMind 文件的默认扩展名为“. xmind”，此外，还可以另存为模板以及将思维导图作为文本、附件及图片形式保存到 Evernote(印象笔记)中。

XMind 思维导图的保存与导出

单击“文件”菜单，就可以选择保存的类型，如图 3-16 所示。

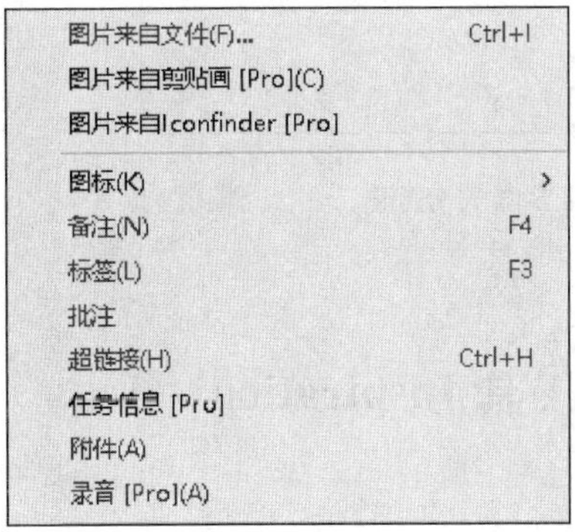

图 3-15　添加更多元素

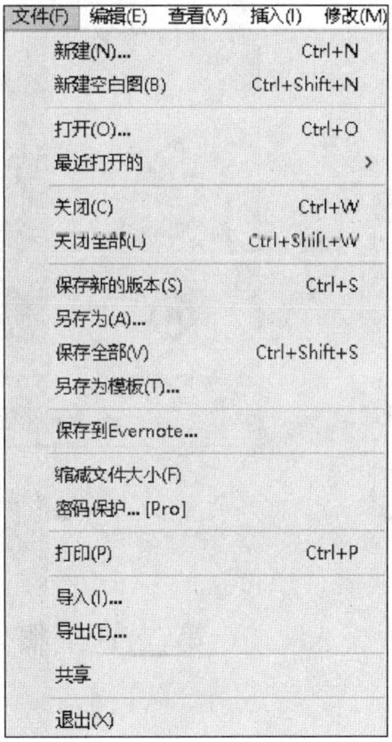

图 3-16　XMind 文件的保存

（2）导出

XMind免费版只支持将最终定稿的思维导图导出为图片(PNG格式)、SVG文件、网页。XMind通过“文件”菜单来实现思维导图的导出操作，如图3-16所示。

（3）共享

XMind免费版提供了多种方式与他人分享思维导图，如图3-17所示。局域网共享是XMind团队精心打造的协同工作的功能，用户可以将自己的思维导图作品一键分享到处于同一局域网内的其他XMind用户，甚至还可以发送信息给特定对象，请他查看这张图。

图3-17 思维导图的分享

第二节 概念图工具Inspiration

概念图(Concept Map)是对某个主题的概念及其关系的图形化表示，也可称为概念构图(Concept Mapping)。它通常将某一主题的有关概念置于圆圈或方框之中，然后用连线将相关的概念和命题连接，连线上标明两个概念之间的关系。概念图有助于学习者进行有意义的学习。

一、Inspiration 简介

Inspiration 是美国 Inspiration 公司开发的一种专用概念图软件。Inspiration 提供了图表(Diagram)、大纲(Outline)和导图(Map)三种工作模式。图表模式适用于显示各要点之间的联系，大纲模式适用于组织书写文件的要点。Inspiration 具有直观、易用等特点，可以制作出图文并茂、色彩鲜艳、有动感、类型各异、层次分明的概念图，能够形象地表达抽象思维及复杂概念之间的关系。通过视觉上的刺激，可以让使用者更清楚要点之间的联系，使思维更活跃，思路更清晰，较之文字更能促进学习及记忆。师生可以使用 Inspiration 来组织和管理知识概念、命题和各类教学信息。

Inspiration
的安装

二、Inspiration 界面介绍

本书介绍 Inspiration 软件的图表模式工作界面。

Inspiration 软件的界面主要由菜单、图表工具条、符号控制面板、格式工具条和绘制区等部分组成，如图 3-18 所示。

1. 菜单栏

菜单栏集成了对 Inspiration 文件的各种操作，包括文件(File)、编辑(Edit)、查看(View)、文本(Text)、符号(Symbol)、连接(Link)、效果(Effect)、工具(Tools)和帮助(Help)等。如图 3-19 所示。

2. 符号控制面板

符号控制面板提供了丰富的形状和图形，并按照属性分类呈现，包括

图 3-18　Inspiration 软件的图表模式界面

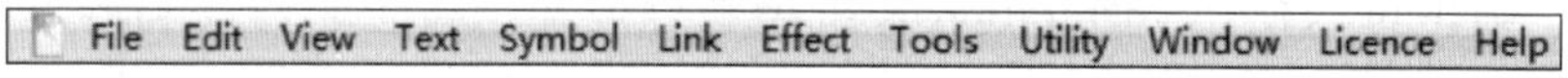

图 3-19　菜单栏

基本形状(Basic)、核心主题(Central Idea)、思考—计划(Thinking-planning)、动物(Animal)、日常(Everyday)、食品与健康(Food-health)等分类，如图3-20所示。用户还可以自己添加图像到符号控制面板中，以丰富概念图的表现形式。符号控制面板还提供了搜索工具，用户可以通过输入关键词快速找到需要的图形符号。注意：输入的关键词必须是英文。

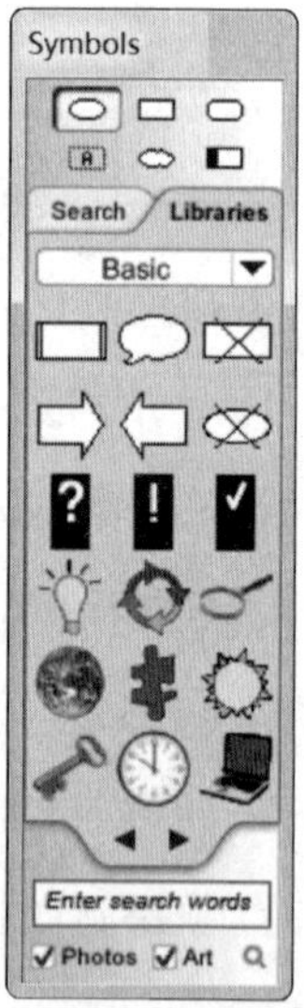

图 3-20　符号控制面板

3. 图表工具条

图表工具条上的工具如图 3-21 所示。

4. 格式工具条

格式工具条上的工具如图 3-22 所示。

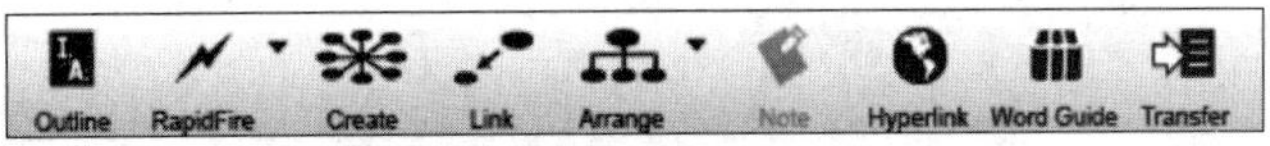

图 3-21 图表工具条

图 3-22 格式工具条

三、Inspiration 中图表模式的基本操作

1. 启动 Inspiration

双击桌面上的 Inspiration 图标，运行 Inspiration 软件，选择图表(Diagram)工作模式。

Inspiration 绘图(图表模式的基本操作)

2. 输入主题名

单击“Diagram”，即可打开一个新窗口，默认为无标题的图表模式，在工作区中央显示出一个符号框图，默认状态下里面写着“Main Idea”字样，输入主题名称，如“人体”，然后同时按下“Shift”和“Enter”键，输入完毕。

3. 添加主题

单击图表工具条中的“Create”，如图 3-23(a)所示，在该图标的任何方向的分支点上单击鼠标，即可在对应的位置增加一个符号框图，并且两个主题框图之间默认用带有箭头的直线连接，如图 3-23(b)所示。

在新的主题框图中输入主题名，如“消化器官”。然后单击连接线，在线条上就会出现文字框，如图 3-23(c)所示，输入对应的文字表示两个主题(“人体”和“消化器官”)之间的关系，如“有”，如图 3-23(d)所示。

如此重复，直到完成所有概念及其之间关系的绘制。

各个主题的位置调整非常方便。只需要选中要调整位置的主题框图，然后拖动鼠标，将主题框图调整到目标位置，松开鼠标即可。

主题的删除也非常简单，只要选择待删除的主题，然后按下键盘上的

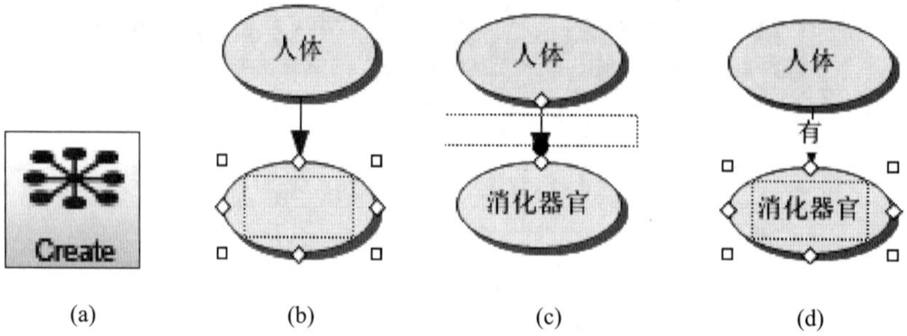

图 3-23　添加主题的操作图标和步骤

“Delete”键即可删除主题。

4. 编辑主题

菜单栏中的“Edit”菜单提供了多种编辑方式，如复制、剪切和粘贴。选中要编辑的主题，然后单击菜单栏中的“Edit”菜单，就可以看到复制、剪切和粘贴等操作按钮。

5. 美化主题

Inspiration
美化主题

(1) 格式化主题框图

对主题框图可以进行形状、填充颜色和线条颜色等设置。

选中主题框图，然后单击符号控制面板上的任意一种形状，如图 3-24(a)所示，就可以改变主题框图的形状或将其变为对应的图形。

选中主题框图，然后单击格式工具条中的对应图标，如图 3-24(b)(c)所示，即可改变填充颜色和线条颜色。

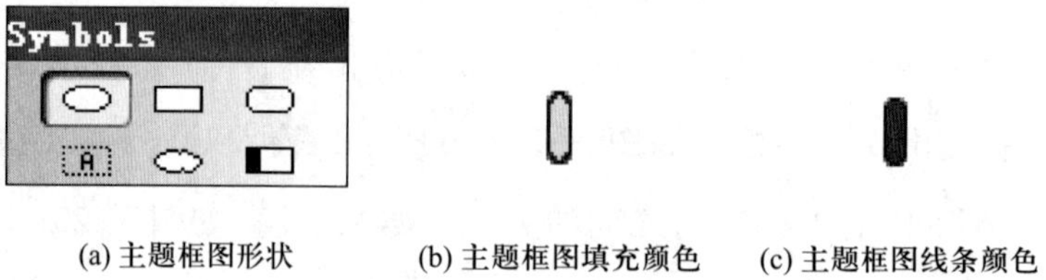

图 3-24　美化主题

(2) 格式化文字

使用格式工具条提供的工具可以设置文字的字体、字号、字形(粗体、斜体和下划线）以及文字颜色，如图 3-25 所示。

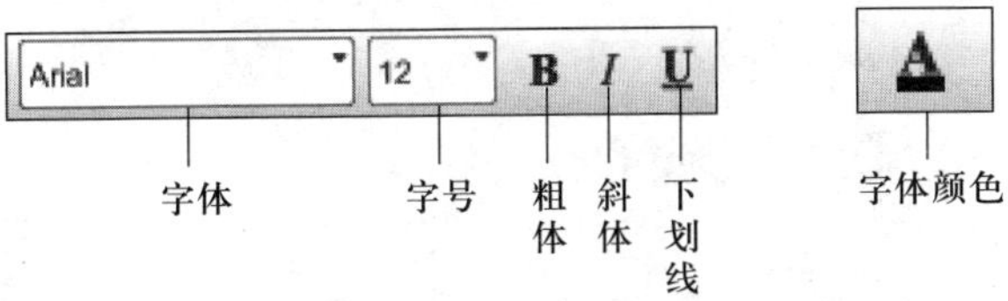

图 3-25　格式工具条

（3）格式化线条

对连接线条的设置包括线条形状、线条粗细、线条箭头、线条颜色。选中线条，单击格式工具条中对应的图标，就可以进行设置，如图3-26所示。

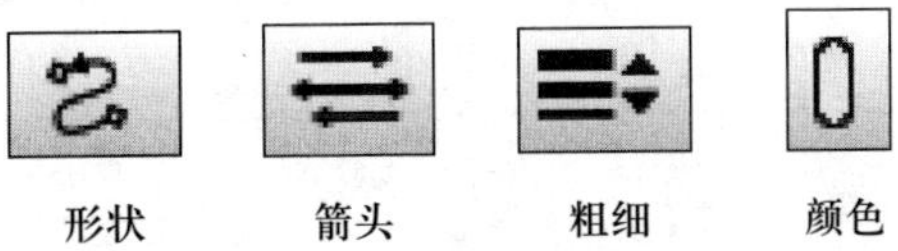

图 3-26　格式化线条

6. 保存和导出

Inspiration 保存与导出

菜单栏中的“File”菜单中提供了文件新建、保存、导出等多种操作。

单击“File”菜单，选择“Save”，会弹出文件保存对话框来，文件名默认为主题符号框图名称，选择文件保存路径，修改文件名，在 Windows 系统中，文件的扩展名是“. isf”。

还可以将绘制好的概念图导出为其他文件类型。在菜单栏中，单击“File”菜单，选择“Export”就可以看到 Inspiration 软件支持导出的文件类型，包括 Word 文件、网页和多种类型的图像文件（位图或矢量图），如图 3-27 所示。

从“File”菜单中可以看到，Inspiration 还支持将概念图导出为 Powerpoint 和 PDF 文件。在将绘制好的思维导图导出为 PDF、PowerPoint 以及 Word 文件时，要求电脑上必须装有这些软件，否则会导出失败。

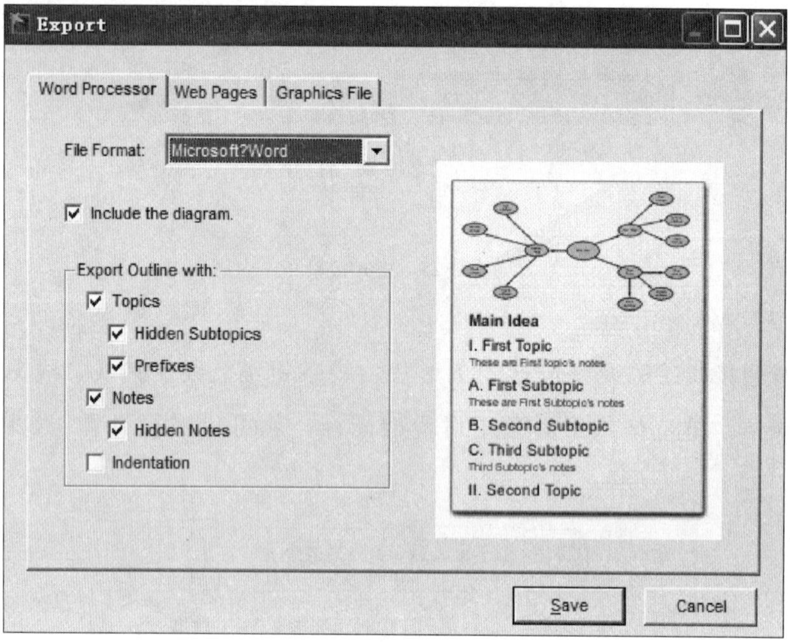

图 3-27　导出文件类型

第三节　在线作图工具 ProcessOn

一、ProcessOn 简介

ProcessOn 是北京大麦地信息技术有限公司基于 HTML5 和 JavaScript 技术开发的在线作图工具和分享平台。ProcessOn 提供了大量现成的符号，用户只要通过简单的拖曳就可以完成流程图、思维导图、UI 原型图、UML、网络拓扑图、组织结构图等多种图形的绘制。

ProcessOn 支持在线制作，打开浏览器即可在线操作，过程流畅，所有数据实时云端存储。ProcessOn 支持导入 xmind、mmap、mm、km、txt、opml、pos、vsd 等多种格式的文件，支持多人同时对同一文件进行协同编辑，还支持多人聊天，是一款既专业又功能强大的工具类产品。

ProcessOn 分为免费版、个人版（按年收费）和团队版（收费）。免费版和个人版在功能上的区别见表 3-3。团队版强调协作，在功能上更关注成员管理、数据安全等功能。

表 3-3　ProcessOn 版本功能比较

功能项	免费版	个人版
个人文件数量	9 张	不限
ProcessOn 多种作图工具	√	√
多人协作	√	√
小组数量	1 个	不限
小组文件数量	个人文件数	个人文件数
系统付费模版	收费	免费
在线客服	×	√
导图粘贴、截图	×	√
优先体验高级功能和新工具	×	√

二、ProcessOn 使用准备

（一）注册

用户只有注册后，才能够使用 ProcessOn 绘制图形。ProcessOn 提供了多种注册方式，包括邮箱、微信、QQ、微博等。用户注册后将收到邀请邮件，点击邮件中的链接，完善资料，可以免费增加个人文件数量。

（二）浏览器要求

推荐使用 IE（9 以上版本）、火狐、Safari 和 Chrome 等浏览器访问 ProcessOn。

三、ProcessOn 界面介绍

（一）“我的文件”界面

登录 ProcessOn 后首先进入“我的文件”界面(图 3-28)。通过左侧的工具栏可以完成文件创建、查看自建文件、协作编辑文件、收藏文件、管理回收站等操作。

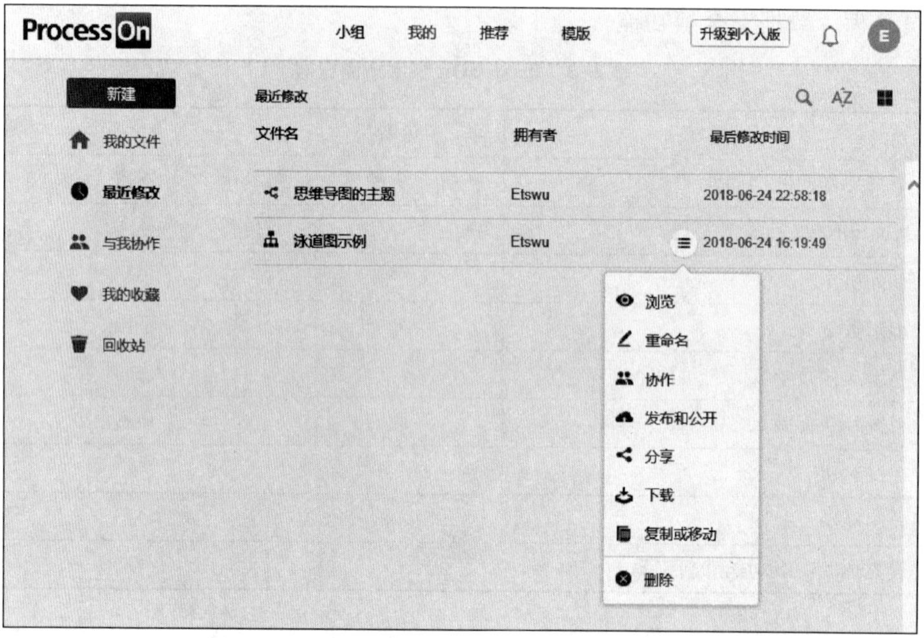

图 3-28　“我的文件”界面

把鼠标移动到某个文件上时，该文件的最后修改时间前会出现≡。单击此图标，则会弹出一个快捷菜单，提供包括浏览、重命名、协作、发布和公开、分享、下载、复制或移动、删除等文件操作命令。

注意：在任何界面，只要单击左上角的 LOGO ProcessOn，就可以回到“我的文件”界面。

(二) 设计器界面

ProcessOn 提供了两类设计器：流程图设计器和思维导图设计器。

1. 流程图设计器

流程图设计器(图 3-29)支持流程图、UI 原型图、UML、网络拓扑图、组织结构图等图形的绘制。流程图设计器由以下部分构成。

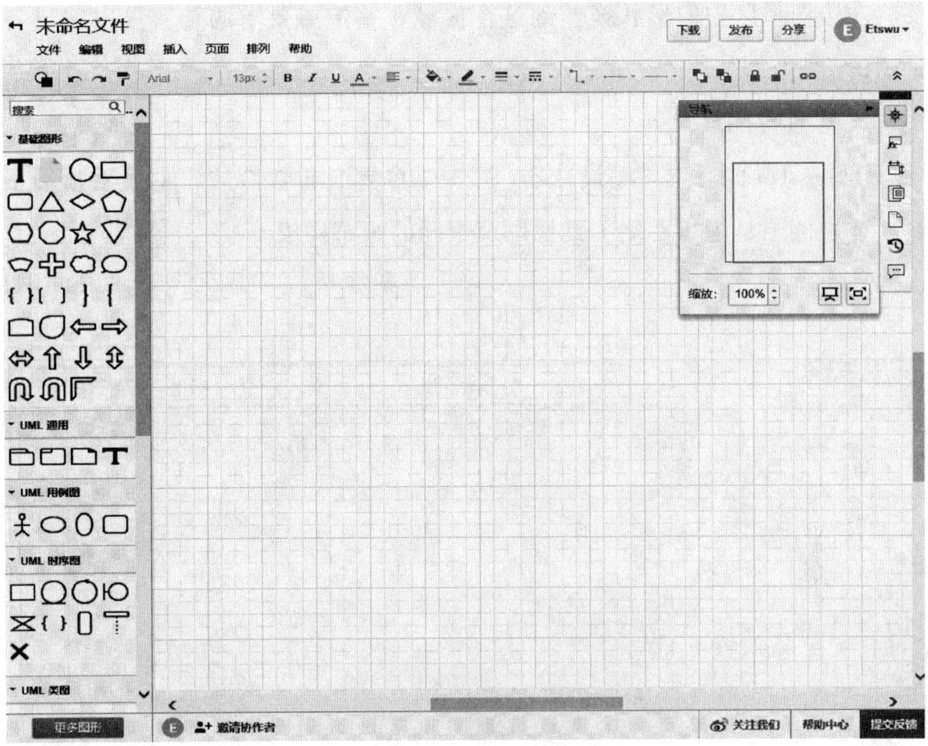

图 3-29 流程图设计器

• 标题栏：显示文件名称。单击文件名可以对其进行修改。

• 菜单栏：按程序功能进行排列组合的按钮集合，包括文件、编辑、视图、插入、页面、排列和帮助。菜单选项之间切换时，无须点击，鼠标悬浮即会出现每个菜单项的下拉菜单。

• 工具栏：此处主要是关于排版、样式等方面的一些快捷工具。

• 图形元素区：这里汇集绘制流程图（Flowchart、BPMN、EVC、EPC、维恩图）、UML 图（实例、部署、类图等）和 UI 设计图（WEB、iOS、Android）等常用的形状。

• 右侧工具条：汇聚了鹰眼导航、图形、度量、属性、页面设置、历史版本和备注评论等常用功能。

• 页面：中间空白区域是绘图区，在 ProcessOn 中被称为页面。用户只要将左边图形区中的形状拖放到这个区域，并按照要求调整就可以完成各种图的绘制。

2. 思维导图设计器

ProcessOn 的思维导图设计器（图 3-30）界面非常简洁，主要由顶端工具栏、左侧工具栏、右侧工具栏以及中间的画布构成。

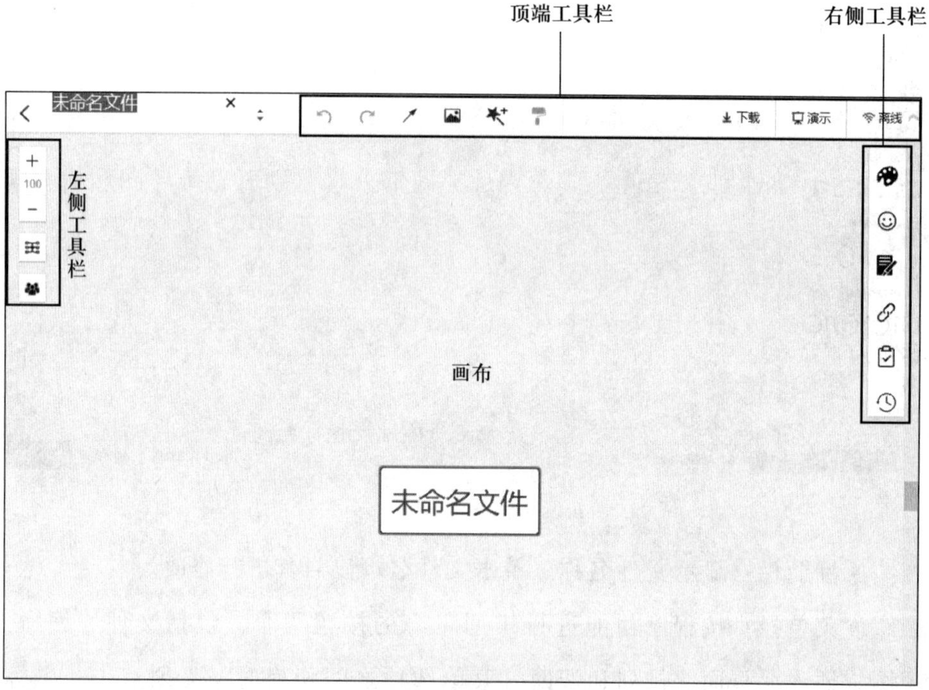

图 3-30　思维导图设计器

• 文件名：左上方为文件名，默认为“未命名文件”。当用户第一次在画布中输入思维导图中心主题时，ProcessOn 会自动将文件名修改为中心主题名称。另外，用户也可以双击文件名进行修改。

• 顶端工具栏：从左到右依次为撤销、重做、关联、插入图片、主题风格切换、格式刷、文件下载、演示、文件发布等。

• 左侧工具栏：“+” 和 “-” 是放大和缩小思维导图，⊞为导图结构，👥为邀请协作。

• 右侧工具栏：从上至下依次为节点样式、节点图标、添加备注、插入链接、任务信息和历史版本。其中，“节点样式”可以设置字体以及主题背景或画布背景，“任务信息”支持设置任务的优先级、完成进度、开始时间、结束时间以及相关负责人等信息。

四、ProcessOn 基本操作

ProcessOn 可以绘制的图形有流程图、思维导图、UI 原型图、UML、网络拓扑图和组织结构图等多种图形。绘制流程图、UI 原型图、UML、网络拓扑图等图形的方法差不多，因此，本部分将分别以思维导图和流程图为例说明图形绘制方法。

使用 ProcessOn 绘制思维导图

（一）绘制思维导图

1. 新建文件

登录 ProcessOn 平台，进入“我的文件”界面，单击左上方的“新建”菜单，在弹出的菜单中选择所要创建的图形类型，浏览器的新窗口中就会出现相应的图形设计器。此处，选择“思维导图”，如图 3-31 所示。

图 3-31　“新建”菜单

ProcessOn 不仅支持多种图形的绘制，而且还为每类图形都提供了大量模版，这些模版很多是由 ProcessOn 的用户制作并分享的。用户可以选择空白图模式，也可以选择利用现成模版绘制自己的图形，从而提高绘图效率。

2. 绘制思维导图

和 XMind 一样，ProcessOn 思维导图的主题也分为中心主题、子主题、父主题和自由主题等类型，操作方式和快捷键也大致相同，具体步骤如下：

(1) 添加中心主题

在打开的思维导图设计器中，双击画布中心的“未命名文件”，输入思维导图中心主题的名称，然后按“Enter”键即可。

(2) 添加子主题与同级主题

ProcessOn 可以通过快捷键和右键快捷菜单两种形式来添加同级主题与子主题。

1) 快捷键方式

- “Insert”键或“Tab”键：为选中的主题添加子主题。
- “Enter”键：若该主题处于输入状态则确认输入文字，否则将新建与该主题相同级别的主题。
- “Shift +Enter”键：添加一个与当前主题同级但位置在其之前的主题。
- 双击画布空白处：添加自由分支主题。

2) 右键快捷菜单方式

- 选中主题，然后按下鼠标右键，即可出现右键快捷菜单(图 3-32)，选择需要添加的主题类型。

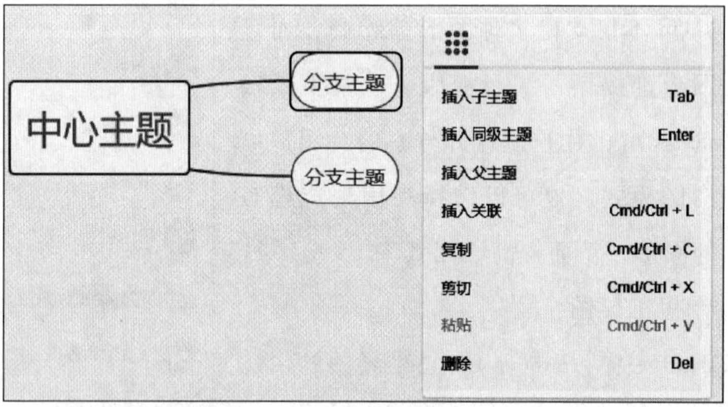

图 3-32 右键快捷菜单

(3) 删除、复制、剪切、粘贴

ProcessOn 可以通过快捷键和右键快捷菜单两种形式来执行主题的删

除、复制、剪切、粘贴操作。

1）快捷键方式

• 删除的快捷键为“ Delete”键。

• 复制、剪切、粘贴的快捷键分别为“Ctrl+C”键、“Ctrl+X”键、“Ctrl+V”键。

2）右键快捷菜单方式

选中目标主题，然后按下鼠标右键，即可出现右键快捷菜单（图 3-32），选择需要的操作即可。

（4）调整主题在思维导图中的位置

ProcessOn 允许用户自由拖拽主题，从而方便地调整主题的位置与顺序。操作方法同 XMind：

单击选中需要调整的主题，按住鼠标左键将其拖到预期位置，待出现橘色引导线时松开鼠标，如图 3-33 所示。

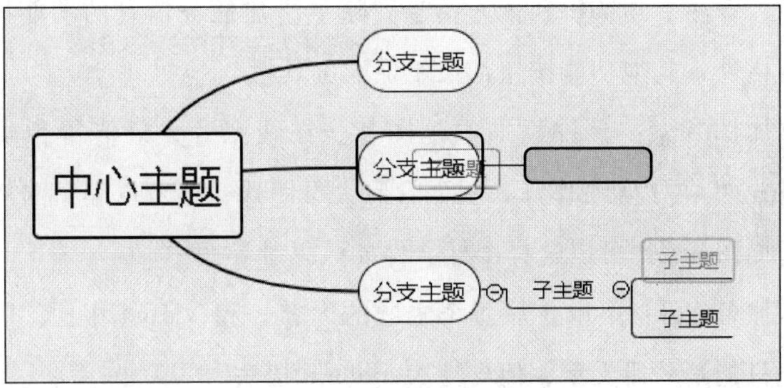

图 3-33 拖拽主题

（5）添加联系

选中需建立联系的第一个主题，然后单击顶端工具栏中的联系按钮 ↗，接着再用鼠标单击建立联系的第二个主题。这时屏幕上将出现绿色的关联线（图 3-34（a））。拖动关联线上的白色圆圈，可以改变关联线的形状，单击关联线上的“label”，可以在其中输入联系名称，将鼠标移动到灯泡形状 上则弹出悬浮菜单（图 3-34（b）），可以进一步设置连线的宽度、颜色、类型、箭头类型等属性。

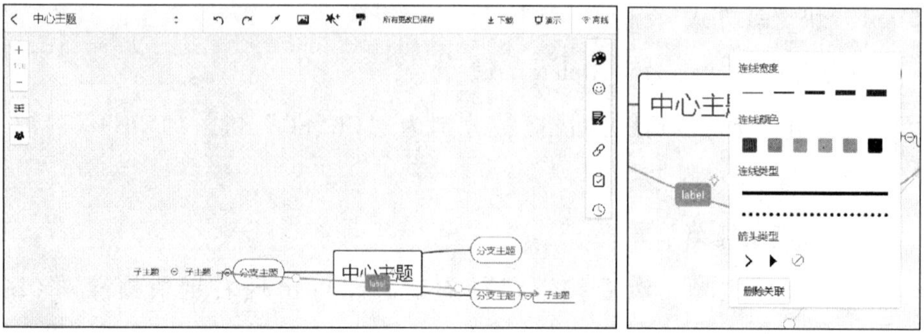

(a)　　　　(b)

图 3-34　建立关联

如果要删除此关联，只需要鼠标单击选中此关联线，然后按键盘上的“Delete”键即可。

（6）添加更多节点元素

为了丰富和拓展思维导图的内容，ProcessOn 支持在思维导图中添加图片、图标、备注、超链接和任务信息。除了添加任务信息的功能按钮位于右侧工具栏外，其他功能按钮都位于顶端工具栏。

- 添加图片：允许添加本地图片、在线图片，最值得称赞的就是 ProcessOn 还提供了免费图库，里面含有大量图片，还可以编辑图片。
- 添加图标☺：可以选择图标文件插入思维导图中。
- 添加备注：可以扩展每个主题的内容。和 XMind 相比，ProcessOn 中的备注只能是一段文字，但支持 Markdown 语法。
- 添加超链接：只能够添加 URL。
- 添加任务信息：对于任务型主题可以添加任务日期、任务进度等内容。

ProcessOn 思维导图美化

（7）美化思维导图

美化思维导图的目的在于突出重点，进一步整理思维和强化记忆。ProcessOn 提供了多种方式美化思维导图，可以帮助用户形成具有个性的思维导图。

1）节点样式工具

右侧工具栏中的节点样式工具是美化个别主题以及画布的工具，可以设置思维导图主题元素的属性，如主题中文字的字体字号、主题边框的样式以及主题与背景的填充颜色，如图 3-35 所示。

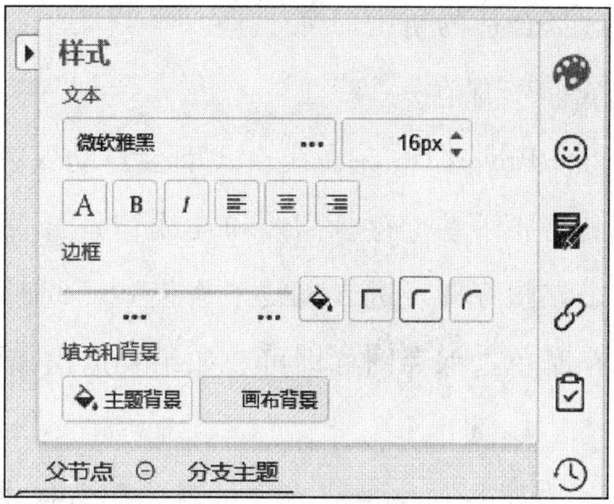

图 3-35　设置样式

2）主题风格工具

顶端工具栏上的主题风格工具是整体美化思维导图的工具，它提供了九种不同的主题风格，用户只要选择某一种风格，则画布中所有主题的样式、文字以及背景就会自动改变为所选风格。

如果用户对所提供的主题风格不满意，还可以自定义风格，如图 3-36 所示。

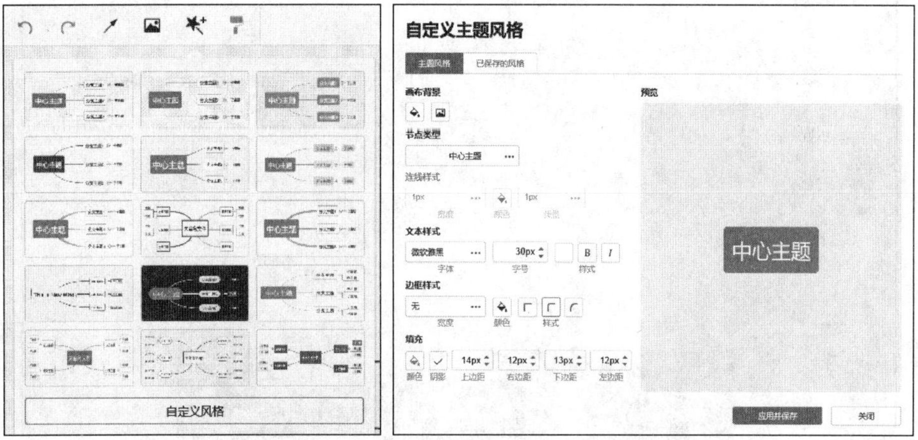

(a) 主题风格　　(b) 自定义风格

图 3-36　主题风格及自定义风格

3）结构调整工具

ProcessOn 提供了四种结构类型的导图：左右分布、右侧分布、左侧分布和组织结构图。单击左侧工具栏中的图标，就会弹出菜单，根据需要

ProcessOn
思维导图
导出

选择合适的结构即可。

3. 保存

ProcessOn 在在线模式下会自动保存文件，在离线模式下绘制思维导图则需要手动保存。离线和在线切换开关是顶端工具栏右上方的离线，单击该图标即可进入离线工作模式，同时该图标变为保存图标。需要手动保存时单击保存图标即可。如果要退出离线模式，则需要按“Esc”键。

4. 演示

ProcessOn 的亮点之一就是免费提供幻灯片演示模式。其操作步骤为：

1）单击顶端工具栏中的演示图标。

2）同时按下 Ctrl 键和鼠标左键，拖动鼠标框选幻灯片所包括的主题，然后松开鼠标，一张幻灯片就添加好了。依次添加所有幻灯片。如图 3-37 所示，每个蓝色矩形框表示一张幻灯片，图中共有三张幻灯片，数字 1、2、3 表示幻灯片的播放顺序。

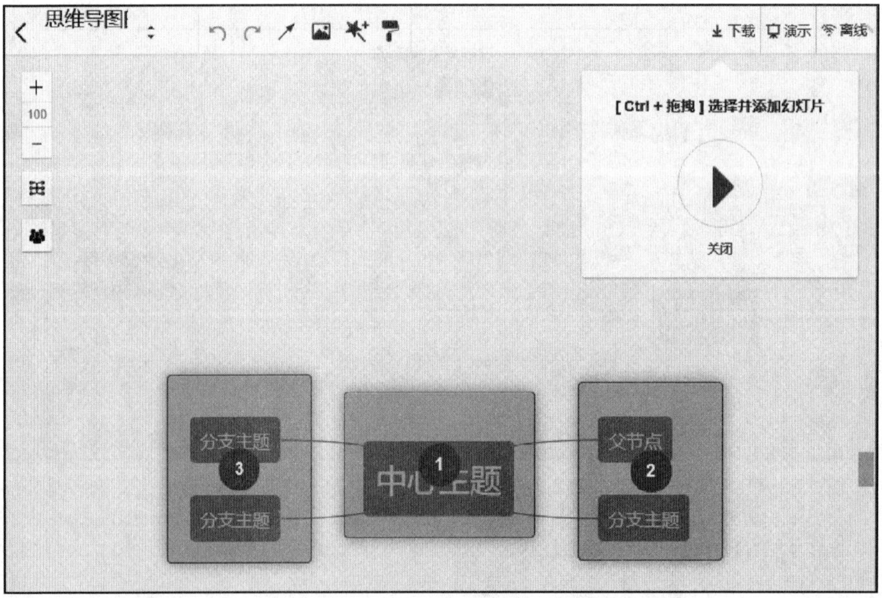

图 3-37　幻灯片演示

3）在添加幻灯片时，如果选择错了主题，可以单击蓝色矩形框，选中后按“Delete”键删除后再重新添加。

4）添加完所有幻灯片后，单击右上角的播放按钮，即可开始幻灯片演示。

5）在幻灯片演示时，通过键盘上的“→”键和“←”键可以切换幻灯片，按“Esc”键可以退出播放模式。

5. 邀请协作

与好友或同事共同绘制图形是 ProcessOn 引人注目的特色之一。点击左侧工具栏上的邀请协作图标，在弹出的对话框(图 3-38 添加协作成员)中输入对方的邮箱，选择赋予对方的权限类型(编辑者/浏览者)，然后单击“发送邀请”按钮，即可发送邀请。

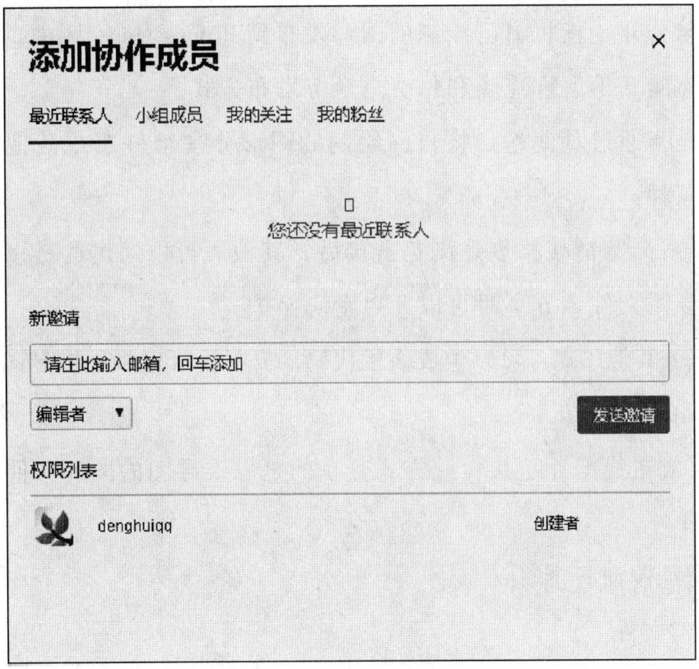

图 3-38　添加协作成员

还可以通过添加小组成员的方式邀请协作成员。对方会收到站内私信以及邮件提醒，点击收到的链接，进入协作模式，数据实时同步。

6. 下载

如果需要离线查看绘制的导图，则需要下载。“下载”图标位于顶端工具栏的右侧。ProcessOn 提供的文件下载类型如图 3-39 所示。

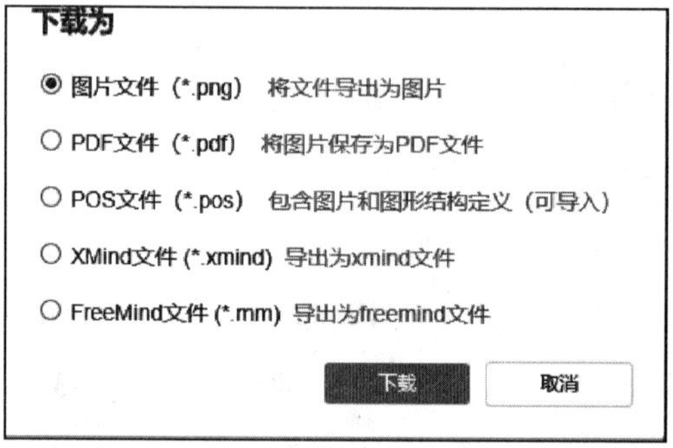

图 3-39 文件下载类型

7. 发布与公开、分享

发布与公开是指将自己绘制的图形发布到 ProcessOn 社区中。用户可以选择允许克隆、不允许克隆和付费克隆等发布方式。

分享是指通过其他途径将自己绘制的图形分享给好友或其他人。分享的方式有三种：

1）生成浏览链接：创建浏览链接后，其他人可以通过此链接来安全地浏览思维导图文件，分享时可以开启密码保护。

2）嵌入其他站点：可以生成一段代码，复制后可以将思维导图文件嵌入第三方网站的网页中。

3）生成在线图片链接：此方式分享的是思维导图的图片文件，而不是思维导图文件。

（二）绘制流程图

1. 新建文件

使用 ProcessOn 绘制流程图

与新建思维导图文件相似，同样是进入“我的文件”界面，单击“新建”菜单按钮，在弹出的菜单中选择“流程图”，进入流程图设计器。

新建流程图也有新建空白图和从模板建立流程图两种形式。

2. 添加、删除形状元素

ProcessOn 支持绘制的形状有很多种，并分成了不同组别，如：基本形状组、Flowchart 组、泳道图等(注意:不同图形文件有不同分组)。如果在左侧图形区域没有找到自己需要的内容，可以点击“更多图形”，也可以直接在搜索框中输入需要的形状名称，进行查找。

(1) 添加形状

ProcessOn 添加图形元素的方式非常简单。从流程图设计器中的左侧形状栏中找到需要的形状，然后用鼠标选中它，将其拖动到画布中的适当位置即可。画布中的方格可用于辅助定位。

此时，被添加的形状元素四周会出现一个矩形的形状调整工具(图 3-40)。矩形调整工具中有矩形、圆圈等控制点，不同控制点有不同功能。

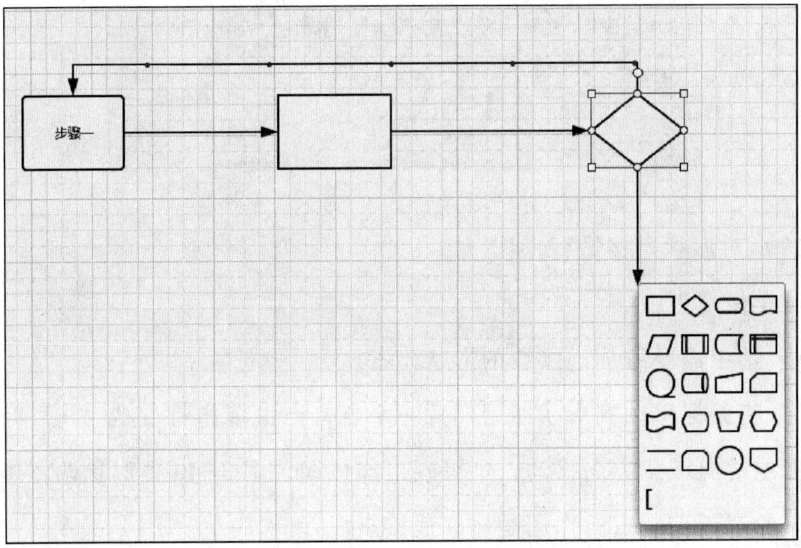

图 3-40 添加形状元素与连接线

1) 四个角上的矩形控制点：调整拖动调整框中的矩形控制点可以任意改变图形的长与宽(拖动时按住“Ctrl”键则可以约束长与宽的比例)。

2) 顶端的圆圈控制点：旋转此控制点，可调整图形的方向，旋转时会出现旋转角度提示。

3）四条边上的圆圈控制点：产生连接线，具体使用方法见添加连接线。

（2）为形状添加文字说明

双击形状元素，则出现文本编辑框，可以输入文本。

（3）删除形状

选中该形状，按下键盘上的“Delete”键。

3. 添加与删除连接线

添加连接线有两种方法：

（1）通过菜单插入连线

如图 3-41 所示，操作步骤为：

1）单击顶端菜单栏上的“插入”→“连线”。

2）鼠标依次单击需要连接的两个形状。

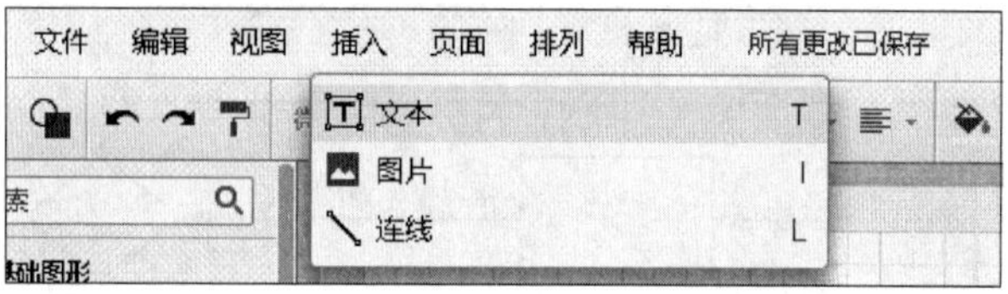

图 3-41 菜单栏上的“插入”菜单

（2）对形状直接进行操作

操作步骤为：

1）选中需要添加连接线的形状元素。

2）将鼠标移动到形状四周任意一个点，当鼠标指针变成“+”时，按住鼠标左键向任意方向移动，则可画出连接线。图 3-40 中形状调整工具四条边上的圆圈控制点的作用是建立连接点。

3）松开鼠标时，会弹出此图形所在图形组的浮动菜单，用户可以从中选择需要连接的形状。也可以继续从右边的形状元素区域中添加连接的形状。

如果需要删除连接线，只需选中连接线，然后按键盘上的“Delete”键即可。

4. 添加文字说明和图片

顶端菜单栏中的“插入”菜单还可以为整张流程图添加图片和文字。

（1）图片

ProcessOn 支持通过本地图片、在线图片以及搜索图库三种形式插入图片。选择自己需要的添加图片的方式，按照提示操作即可。

（2）文本

单击菜单栏上的“插入”→“文本”，然后在画布的适当位置按住鼠标左键拖出一个文本框，再输入文字内容。这样可方便地为每个连接线添加文字说明。

5. 美化各个元素

（1）使用工具栏提供的工具美化流程图

工具栏整合了关于排版、样式等方面的相关工具，包括切换风格、文本属性、填充和边框、连接线样式、组合和锁定、超链接等。(图 3-42) 只需要把鼠标移动到相关工具的上方就会出现该工具的功能提示。

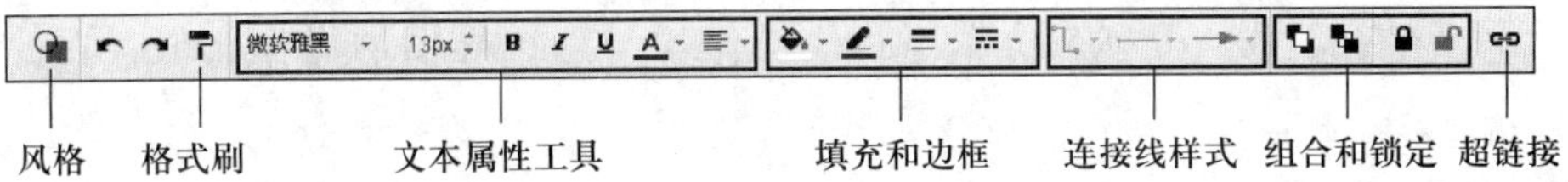

图 3-42　工具栏

- 切换风格：提供了九种不同风格模板，可以一键切换风格。
- 文本属性：可以设置文本的字体、字号、颜色和位置以及对齐方式。
- 填充和边框：可对选中的形状元素进行填充或者修改边框的操作，也可以调整边框的连线样式(实线、虚线)。配合格式刷 ，可更快地更改其他元素的样式。
- 连接线样式：连接线类型有直线、折线、曲线；线条样式分为实线和虚线；同时还可以设置连接线的开始与结束的箭头样式。
- 组合和锁定：组合是把多个元素组合在一起，方便操作和修改样式；当元素较多时，可以锁定部分元素，防止被修改，需要修改时再解锁。
- 超链接：只能添加 URL。

（2）使用菜单栏中的“页面”与“排列”菜单美化流程图

• 页面：“页面”菜单可以实现背景颜色、画布大小和方向、内边距、网格大小和显示的设置。

• 排列：“排列”菜单可以完成元素置顶、置底、上一层、下一层等常规操作；对多个元素的对齐、分布和大小进行设置；同时也可以锁定元素和组合元素。

（3）使用右侧工具栏美化流程图

右侧工具栏汇聚了鹰眼导航、图形、度量、数据属性、页面设置、历史版本和评论等常用功能（图3-43）。从这里也可以对相关元素进行美化。

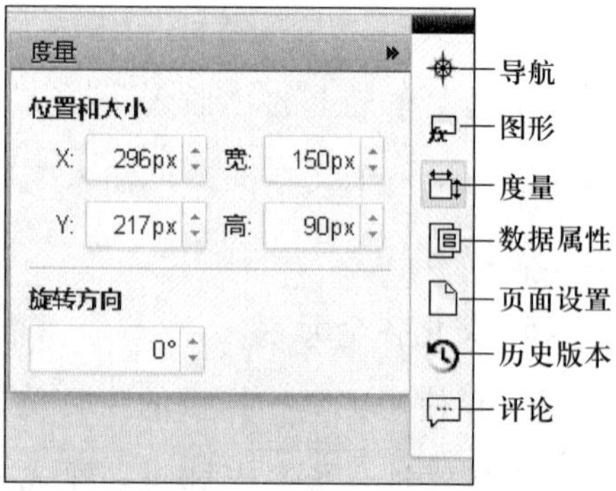

图 3-43 右侧工具栏

6. 其他

保存、下载、分享、协作等其他操作均与思维导图的操作相似，在此不再赘述。

第四节 思维导图和概念图的教学应用

思维导图和概念图是两种将不可见的思维活动或认知结构转为可视化图形的思维工具和知识表征工具。将二者应用于教学中不仅可以有效地帮助教师梳理、展现自己的思维，还可以用来发现学习者对领域知识的掌握情况，同时促进学习者左右脑协调发展。

一、思维导图和概念图的区别

思维导图与概念图都是使用图形来表示概念之间的各种关系，因此有很多人认为思维导图与概念图并无区别：思维导图就是概念图，概念图就是思维导图。但实质上，二者是有差异的。思维导图通常用于表达思维活动，反映的是心中所想；而概念图则侧重于表示客观的、现实的概念或系统。另外，思维导图多为描绘阶层(树状)架构的关系，而概念图借助概念节点和关系线所描述的概念间的关系则更为复杂和多样化。

二、思维导图和概念图在教学中的应用

思维导图和概念图在高校教学中可以作为教学设计工具、知识呈现工具、知识评价工具和知识记录工具。

（一）教学设计工具

教学设计是高校教师在教学前规划教学内容和师生互动的活动。思维导图和概念图可以活化教师思维，以灵活方便的方式快速记录教学灵感。因此，这两种工具都可以成为教师教学设计的信息化工具，借助它们选择主题，并理清不同主题之间的关系，合理编排教学内容的先后顺序和活动过程。

（二）知识呈现工具

学习者已有观念的全部内容及其组织构成了学习者的认知结构。根据奥苏贝尔的观点，学习者原有认知结构的清晰性、稳定性和可辨别性始终影响着新的学习的获得与保持，而且只有当新知识与学习者认知结构中已有的知识建立实质性的、非人为的联系时才能形成有意义学习。

思维导图和概念图不仅可以展现教学内容中所包含的所有主题，而且还可以展示主题之间的关系。用思维导图和概念图可以用全景方式向学习者呈现教学内容的概貌，也可以精细地展示某个知识点，帮助学习者建立概念之间的关系结构。此外，思维导图和概念图短小精悍，漂亮美观，其所体现出的颜色、形状、联想、结构等元素都是加强记忆的关键要素，这些都有助于学习者建立清晰、稳定的认知结构，促进有意义学习的形成。

再有，具有一定结构的空白思维导图和概念图还可以当作脚手架，作为学习者思维或讨论的结构框架。学习者在填充空白思维导图或概念图的过程中，潜移默化地形成一定的思维逻辑。

教师可以在讲解新知识之前先绘制好教学内容的思维导图和概念图，在教学之前帮助学习者建立关于主题的基本结构，也可以在新知识讲解完后通思维导图或概念图总结和复习教学内容，强化对新知识的理解。

在教学过程中，为了帮助学生有逻辑地思考和表达，教师可以将一定结构的空白思维导图或者概念图，例如鱼骨图、组织结构图提供给学习者，引导学习者按照有效的形式组织思维和表达，同样也可以作为小组头脑风暴和讨论的框架，帮助学习者思考。

（三）知识评价工具

学习者对所学领域的所有知识都可以表现为概念及概念之间的关系。不同的学习者在学习过程中如果对所学习的知识没有完全理解和掌握，就会导致所绘制出来的思维导图或概念图中所包含的主题或概念不完全，或者是概念或主题之间的关系表示不正确。因此，教师可以把思维导图或概念图作为评价工具。通过分析学习者所绘制的思维导图或概念图确定学习者的认知结构是否合理，并以此制订后续的教学活动。

（四）知识记录工具

俗话说，“好记性不如烂笔头”。思维导图和概念图也可以作为学生记课堂笔记或写读书笔记的工具。

第五节　学科类教学工具简介

不同学科在教学过程中总是有一些比较抽象复杂的概念、过程和原理。而这些抽象复杂的概念、过程和原理仅仅采用传统的教学工具（例如黑板、挂图和模型等)或凭借教师的口头介绍和肢体语言是难以有效地解释和说明的。这时，就可以采用为特定学科专门开发的教学软件，例如几何画板等。

一、几何画板

几何画板软件(The Geometer's Sketchpad)是由美国 Key Curriculum Press 公司开发并出版的优秀教育软件。1996 年，该公司授权人民教育出版社在中国发行该软件的中文版。几何画板是适用于数学、平面几何、物理的矢量分析、作图、函数作图和地理运动的动态几何工具，具有易学、易用、对硬件要求不高等优点，受到广大师生，尤其是数学和物理爱好者的欢迎和赞誉。学生利用几何画板可以做某些数学实验，解决与图形相关的数学问题，有效地提高思维能力和探究能力；教师利用几何画板可以开发实用性很强的课件。几何画板的操作界面如图 3-44 所示。

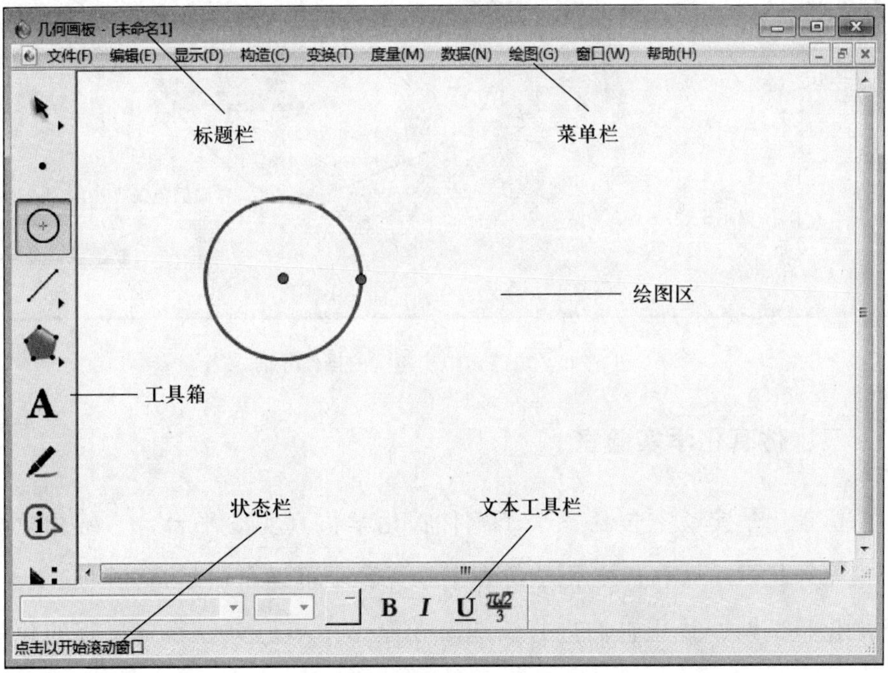

图 3-44 几何画板的操作界面

二、电路虚拟实验室

电路虚拟实验室是电路仿真模拟软件，能像真实实验一样随意连接实验元件和导线；具有操作简单、效果逼真、能任意设置实验元件的参数；能保存实验、导出图像、画出标准电路图等。它是电路教学与学习的好工具，能增强学生学习兴趣，提高学习效率，如图 3-45 所示。

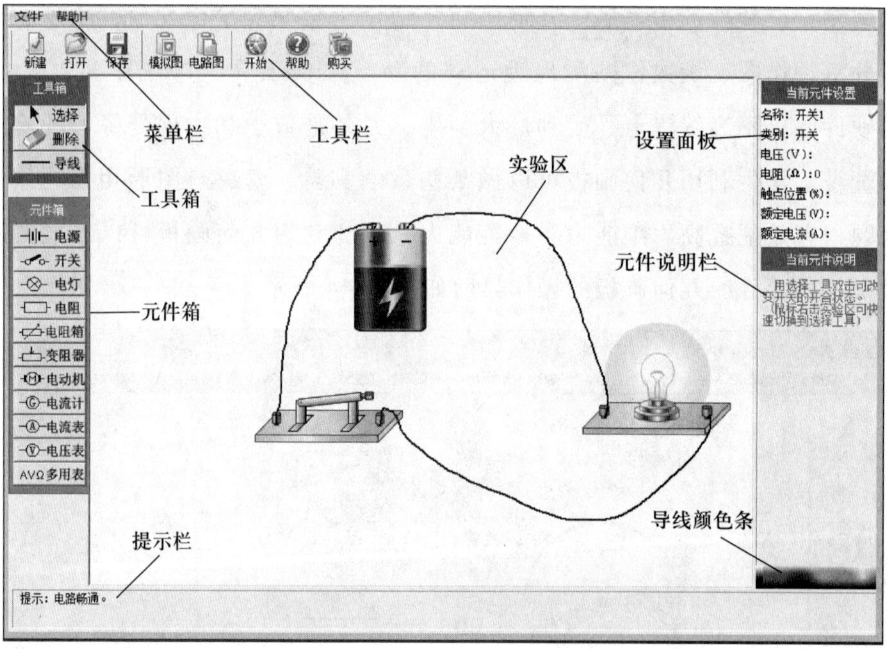

图 3-45 电路虚拟实验室的操作界面

三、仿真化学实验室

仿真化学实验室包括三个子软件：化学仿真实验平台、三维化学分子模型和化学小百科。在化学仿真实验平台中可以自由地搭建实验仪器、添加化学试剂，并让它们进行反应。在操作中不但可以看到逼真的化学反应，还可以从中得到准确的实验数据。图 3-46 为仿真化学实验操作界面。三维化学分子模型可以展示奇妙的微观化学世界。它不但可以展示石墨、金刚石、NaCl 等的晶体结构，还可以十分轻松地搭建出各种有机分子的微观模型。化学小百科是以元素周期表为总线的化学资料库，可以利用它十分方便地查找所关心的化学信息，并可以把这些信息以网页的格式输出。

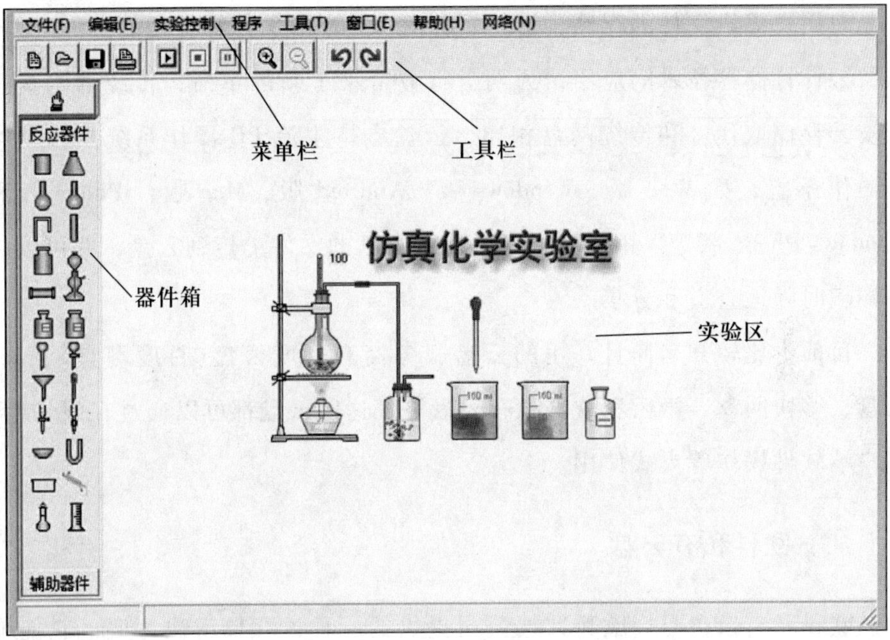

图 3-46　仿真化学实验室操作界面

第六节　云盘的教学应用

随着高校信息化的不断推进以及师生信息素养的提高，高校的行政管理和教学工作中越来越多地需要数据信息的使用和交流。例如教学课件、应用软件、各类文件等。传统的文件分享多采用 U 盘或移动硬盘、Email、FTP 等方式。但这些方式或多或少地存在这样或那样的不足，而云盘具有功能强大、操作便捷、直观、容量大、异步存储、无须携带等优点，能为教育教学提供便利。

一、从网盘到云盘

网盘，又称网络 U 盘、网络硬盘，是由互联网公司推出的在线存储服务，向用户提供文件的存储、访问、备份、共享等文件管理功能。

云计算储存技术的应用，为网盘行业带来了新的革命，传统的网盘逐步被云存储取代。和传统网盘相比，云盘支持主流 PC 操作系统和移动终端操作系统，如 Web 版、Windows 版、Android 版、Mac 版、iPhone 版和 Windows Phone 版等。用户可以轻松地将自己的文件上传到云盘，并可以跨终端随时随地查看和分享。

目前，比较知名而且好用的云盘服务商有百度云盘（百度网盘）、360 云盘、够快网盘、微云和欧科私有云盘等。这些云盘都可以通过在线访问、客户端软件操作等方式使用。

二、欧科私有云盘

欧科私有云盘是由欧科数据公司提供的一种云存储解决方案。它能够帮助高校用户方便地搭建一个基于云计算技术的校园内云盘（即私有云盘）及云应用协作平台，能够满足高校教师文件管理、文件在线预览、交流沟通等多种应用需求。

欧科私有云盘是一种有偿服务，需要学校购买其解决方案。相比各大云盘提供商所提供的免费服务而言，具有更加可靠的安全性和更多的服务功能。下面以西南大学欧科私有云盘客户端来说明该云盘的基本操作。

（一）下载并安装欧科私有云盘客户端

根据学校提供的欧科私有云盘客户端下载地址，下载欧科私有云盘客户端，然后鼠标双击客户端安装程序“setup. msi”，安装客户端安装程序。当出现图 3-47 所示的对话框时，输入学校提供的私有云服务器地址。

安装完成之后，输入服务器地址

图 3-47　安装界面

（二）启动并登录欧科私有云盘客户端

用鼠标双击桌面的欧科私有云盘快捷方式图标，在弹出的对话框中输入学校所提供的用户名和密码，然后单击“登录”按钮，如图 3-48 所示。

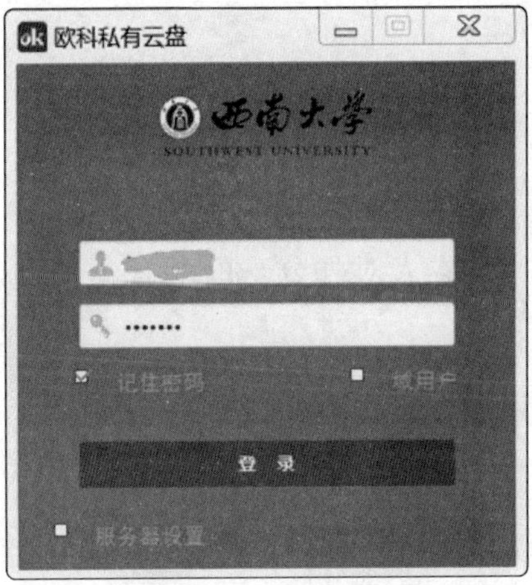

图 3-48　登录界面

（三）认识欧科私有云盘的界面

欧科私有云盘的界面如图 3-49 所示。

1. 功能菜单

即时通讯：和同事进行文字聊天。

消息中心：查看系统消息、关注文件更新动态和历史聊天记录。

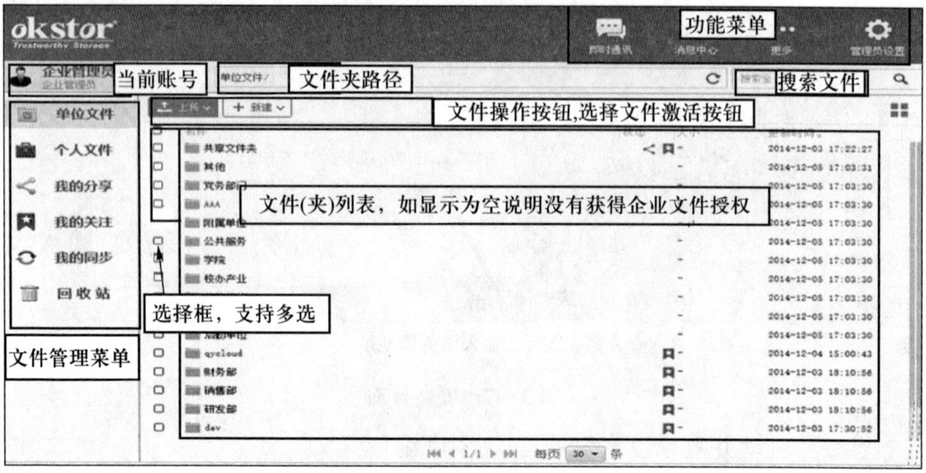

图 3-49　欧科私有云盘的界面

上传下载：查看上传或下载的文件列表。

安全退出：安全退出欧科私有云盘。

2. 文件管理菜单

单位文件：管理员授权访问的单位文件。

个人文件：存放个人文件，仅限用户本人可访问，管理员不能访问。

我的分享：显示用户本人对外分享的所有文件，在此可以集中管理分享的文件。

我的关注：显示用户本人关注的文件列表，在此可以集中管理关注的文件。

全文搜索：根据关键词深入文件内容查找所有相关的文件。

我的同步：仅 Windows 客户端支持，在此可以同步文件。

回收站：查看被删除的所有单位文件或个人文件，在此可以恢复或彻底删除回收站中的文件。

（四）新建文件夹/文件

新建文件夹/文件的操作方式是单击左侧的文件管理菜单中的“个人文件夹”，然后继续选择需要建立文件或文件夹的位置，再点击“新建”

按钮，选择“新建文件夹”或者“新建文件”。如“新建”按钮为灰色，说明您没有权限在此文件夹新建文件夹或文件。如图 3-50 所示。

注意：教师只有进入个人文件夹后，才有权限建立文件夹；教师在个人文件夹根目录下没有权限建立新文件；所创建的新文件只能是文本类型。

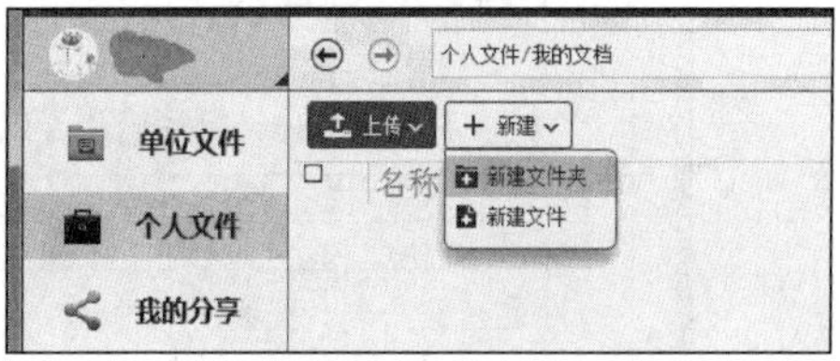

图 3-50　新建文件或文件夹

（五）如何上传文件

上传文件前，请先进入需要存放该文件的文件夹，再点击“上传”按钮从本地文件夹选择文件上传。如果“上传”按钮为灰色，说明没有在此文件夹上传文件的权限。

在上传文件时，可以选择同事账号，通知同事查看所上传的文件。

（六）下载文件

选择网盘内需要下载的文件，点击“下载”按钮可将其下载到电脑本地文件夹。欧科私有云盘支持批量下载文件，您可以选择多个文件下载，或选择多个文件和文件夹一起下载；如不显示“下载”按钮，说明您没有此文件夹的下载权限。

（七）在线预览文件

欧科私有云盘支持在线预览图片、PDF 文档、Word/Excel/PPT/TXT 等格式的文件，支持预览 MP4 格式的视频文件和 MP3 格式的音频文件。直接点击文件名称即可在线预览该文件。

（八）对外分享文件和取消分享

在文件夹中，选中需要对外分享的文件，点击“分享”按钮可以生成分享链接，如图 3-51 所示。

欧科私有云盘提供了三种不同权限的分享属性：“仅预览”“预览和下载”“仅上传”。教师可以根据自己的需要灵活选择分享方式。

图 3-51　文件夹的预览和下载

仅预览：其他人只能查看该文件夹中的文件并且可以在线预览文件内容。

预览和下载：其他人既可以查看和预览文件夹中的内容，还可以下载文件夹中的内容。

仅上传：用户只能向该文件夹上传文件，这种分享方式特别适合学生提交作业。

设置了共享的文件或文件夹后通常有  标记。要取消文件或文件夹的分享，只需要右键单击该文件或文件夹，在弹出的菜单选择“编辑分享”，然后在弹出的对话框中，单击右上角的“取消分享”即可。

（九）在不同电脑上同步云盘上的文件

如果在多台电脑上安装欧科私有云盘客户端软件并进行配置，就可以实现将云盘上的文件同步到这些电脑上。操作界面如图 3-52 所示，操作步骤为：

图 3-52　云盘同步设置

1）在“个人文件”中创建拟同步的文件夹。例如，创建一个名称“教学”的文件夹。

2）单击“我的同步”。

3）对右下角的“本地路径”进行设置，即设置云盘内容同步在自己电脑的存放位置。建议单击“更改”，在电脑的 D 盘或 E 盘新建一个名为“×××的云盘”的文件夹并作为同步文件的存放位置。

4）单击“+添加同步”按钮，选择“教学”文件夹并单击“+添加”按钮。

5）系统会每两分钟进行一次双向同步，即将云盘上的内容下载到“教学”文件夹中，也将该文件夹中的新文件或更新后的文件上传到云盘中。如果希望立即同步，可单击“刷新”按钮。

利用同步功能，可以直接利用“我的电脑”的文件管理工具对同步文件夹中的文件进行添加、删除、修改等操作；自己电脑上的应用软件也可以直接对同步文件夹中的文件进行新增、修改，修改后的内容会自动同步到云盘。

三、云盘对教学的支持

云盘在高校教学中发挥着重要的作用，可以用于保存并同步教学资料、分享教学资源、共建课程资源和收作业。

（一）保存并同步教学资料

在日常教学工作中，教师会积累大量的教学文件和科研资料，如教学大纲、教学方案、课件与各种教学资料、工作总结、研究方案、科研数据等。教师将这些资料上传到云盘中，一方面可以实现教学资料备份，当教师自己的办公电脑上的文件因为误操作、中毒等原因丢失的时候，可以从云盘中找回这些文件，避免不必要的损失；另一方面，因为云盘可以支持多种终端，无论是电脑还是手机，抑或平板，只要能够上网，教师就可以随时随地通过同步的方式或在线的方式访问云盘中保存的文件，解决了临时需要资料，但资料只保存在家里电脑上的困境。

使用云盘保存教学资料还有一个好处，就是避免了在公共教室上课时因使用 U 盘而导致 U 盘感染病毒，或者将 U 盘病毒传染到教室的电脑，导致病毒在局域网中泛滥的局面，减轻教学设备管理人员维护电脑的工作。

（二）分享教学资源

在日常教学工作中，教师需要将自己的教学课件拷贝给学生课后复习，或者要与同事分享某些教学和科研资料。U 盘拷贝和邮件收发是以往最常见的实现方法。但是 U 盘拷贝需要用户自带 U 盘，而且还需要约定见面时间，且容易传播病毒。而邮件发送虽然可以实现异地、异步发送文件，但是邮件对附件的大小往往有限制，特别是一些视频和音频类的教学资源，用邮件发送就比较受限。使用云盘分享文件则可以克服这两种文件传递方式的局限。

教师只需要登录自己的云盘，将需要分享的文件或者文件所在的文件夹设置为分享，就可以轻松地将自己的文件与教师和学生分享了。而且，教师还可以在文件分享时设定文件提取码，只有知道提取码的教师或学生才能下载文件，而且提取码还可以设置有效期和下载次数，这样就保证了文件的安全性。

（三）共建课程资源

课程资源共建是一项重要而又烦琐的工作。以往需要课程负责人或专人来负责收集所有课程组成员提供的资料，汇总整理后又分发给每个课程组成员。使用云盘则可以精简这个收集、汇总和分享的工作流程，提高工作效率。具体操作方式就是，每个课程组建立一个公共的课程资源文件夹，并将该课程资源文件夹的用户名和密码告知课程组成员。这样，课程组所有成员就可以方便地将各自负责的课程资源上传到云盘，同时查看、修改和使用其他课程组成员所上传的资源。

（四）收作业

随着计算机的普及和高校师生信息素养的提高，以及绿色环保意识的增强，越来越多的教师喜欢学生提交电子化的作业。以往，教师主要采用电子邮件的方式收作业，这种方式可能会容易导致教师的信箱超出容量，而且整理起来也不方便。使用云盘却可以避免这种不足，教师可以事先在云盘中按照不同学科、不同班级建立作业文件夹，然后将用户名、密码以及作业提交方式和要求告知学生即可。

实践运用

1. 请举例说明思维导图和概念图在教学中的应用方式。
2. 请调查还有哪些可以支持不同学科教学的工具软件。
3. 高校教师和学生在使用云盘保存和分享资料时需要注意哪些问题？

第四章　多媒体课堂教学

【学习目标】

- 能够解释什么是多媒体教室和电子白板。
- 能够说出多媒体教室、电子白板教室的基本配置和基本功能。
- 能列举多媒体演示课件的制作工具及特点。
- 能够根据多媒体演示课件的评价标准，结合自己的学科教学案例，判断多媒体演示课件的优劣，并说明理由。
- 掌握多媒体演示课件的制作技巧，能够根据教学设计的需要，设计、制作、优化多媒体演示课件。
- 能合理利用多媒体演示课件，促进有效教学。
- 能充分利用多媒体教学环境，采用适当的教学模式开展多媒体教学。
- 树立科学合理的技术应用观，形成积极主动提升多媒体教学的意识与能力。

【知识导图】

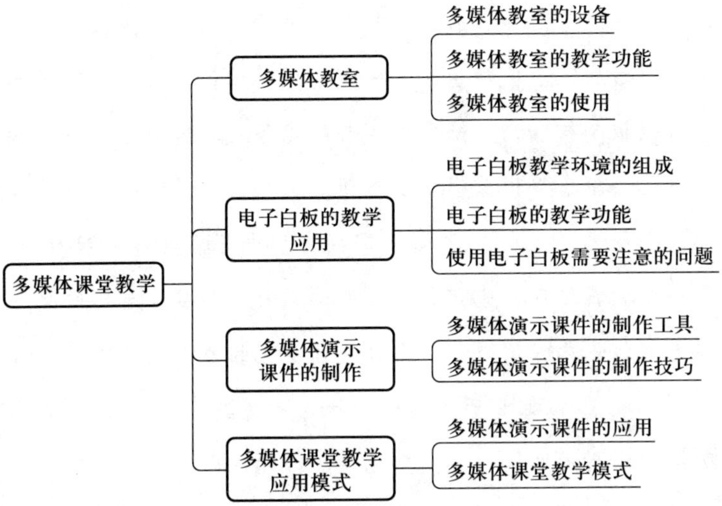

【核心术语】

多媒体教室　电子白板　多媒体演示课件　多媒体应用策略　教学模式

【应用工具】

Microsoft PowerPoint

【问题情境】

大学里有不少教师对多媒体演示课件辅助教学的认知有偏差，有的教师把它当成教学方案的另一种形式，只用简单的文本来呈现教学内容，多媒体教学的显著优势例如超文本功能、交互功能等在课堂中都难以体现；有的教师却过分看重多媒体技术，把多媒体技术看成是教学的灵丹妙药，在多媒体课件中滥用视频、动画等特殊效果，不仅淹没了教学内容本身，而且分散了学生的注意力，使教学低效甚至负效。但也有以下几个例子让我们看到一些新思路。

高校“计算机程序设计”课程的刘老师，一方面利用多媒体课件，对复杂的算法和程序设计的概念进行形象化描述帮助学生理解，减轻了授课的板书负担，也使得课堂更加生动、有趣，从而使课堂气氛更加活跃。但另一方面考虑到课件信息量过大，会使学生缺乏一定的思考过程，课堂缺乏师生互动，将多媒体课件与黑板相结合，充分发挥各自的优势。刘老师使用多媒体课件呈现可视化、结构化的信息，用黑板呈现推演的过程信息。例如，针对多媒体课件承载的内容过多不容易记忆，我们将重要内容书写在黑板上便于学生参考记忆；在讲解一个大程序前，先把整个程序的框架写在黑板上，预留一些空白部分，和学生一起讨论如何填写，甚至直接让学生到黑板上来填写，然后把完整的程序用多媒体课件呈现出来，进行对比，最后在多媒体上运行程序，看结果，这样引导学生思考问题，激发学生解决问题的兴趣，加深对这个程序的理解，课后举一反三，就会得到事半功倍的效果。

根据以上案例，为帮助高校教师设计多媒体教学环境和资源，本章介绍了多媒体教室、交互式电子白板教室，包括结构、功能及使用方法；为帮助高校教师设计与开发能够促进有效教学的演示文稿课件，详细介绍基于多媒体环境下的演示文稿课件设计与开发的基本步骤与要领。

第一节 多媒体教室

所谓多媒体教室，是根据现代教学的需要，将多媒体计算机、投影、广播、CD/DVD 等多种现代教学媒体组合在一起形成的一个综合教学环境。多媒体教室是多媒体技术不断发展并应用于教育领域的一种产物。所谓多媒体技术就是把文本、图形/图像、音频、视频、动画等多种媒体信息通过计算机进行数字化加工处理并展现出来的一种信息技术。

由于多媒体教室能方便地将实物、文本、图形/图像、音频、视频、动画等教学内容呈现给学习者，使教学内容更加形象、直观、生动、有趣，有利于学习者更好地理解和掌握教学内容。同时，多媒体教室一般通过一个集成的中央控制器来管理各种硬件设备，为教师提供了简便直观的人机界面，操作简单、易于控制，成为教育领域一种最常见的信息化教学环境。

一、多媒体教室的设备

多媒体教室依据其规格大小，设备配置、教学功能的不同，可分为简易型多媒体教室、普通型多媒体教室和网络型多媒体教室。目前各类高校都建设了网络型多媒体教室，它主要由中央控制器、影像播放系统、视频展示台、投影系统、音频系统、多媒体计算机和互联网等组成，如图 4-1 所示。

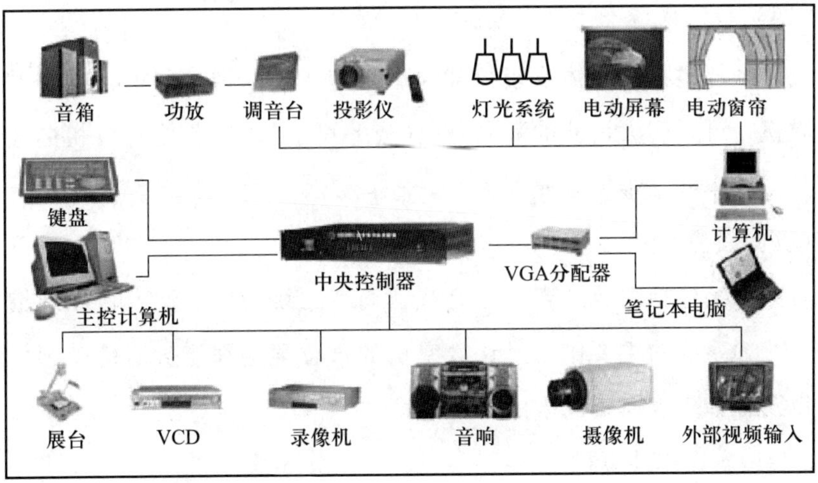

图 4-1　多媒体教室系统

(一) 中央控制器

中央控制器将所有设备的操作集中在一个控制面板上，只需对上面的按键进行简单操作，就能方便地将多媒体计算机、视频展示台、VCD/DVD

播放机和录像机的动态信息输出到投影仪并显示在屏幕上，同时可通过话筒、功放、音箱对多媒体设备输出的各种音频信号进行混合广播并便捷地控制。

（二）影像播放系统

影像播放系统包括录像机、VCD/DVD 播放机、蓝光播放机或高清播放器等，用以播放教学用的视频资料。

（三）视频展示台

视频展示台的主要部件是一个体积小、高清晰度的摄像头，如图 4-2 所示。通过它可以将放置在摄取台面上的图片、实物和操作过程摄取下来，然后通过投影机放映在屏幕上，供学生观看。

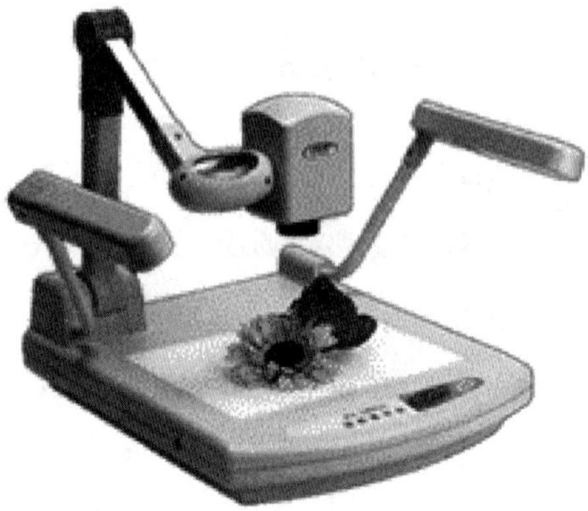

图 4-2 视频展示台

（四）投影系统

投影系统包括多媒体投影机和投影幕布，是图像信号的输出终端。在小型教室，可以用大尺寸的液晶电视（或等离子电视）作为计算机的显示设备，具有成本低、维护方便等优点。

（五）音频系统

音频系统包括功放、音箱、有线话筒、无线话筒、调音台和反馈抑制器等。音频系统的主要作用是让教室里的每位学生都能听清楚教师的讲课声音以及各种多媒体资源中的声音信息。

（六）多媒体计算机

配有教学应用软件的计算机，构成了多媒体教学运行环境。

（七）激光笔或激光教鞭

激光笔或激光教鞭可以灵活地操控演示文稿的放映，也可以借助激光亮点指示教学重点。

二、多媒体教室的教学功能

多媒体教室集成了多种教学媒体，如录像机、影碟机、计算机、多媒体投影仪、视频展示台、远程直播等现代教学媒体，帮助教师向学生演示教学材料，引导学生观察、思考和远程协作，促进学生的自主学习、合作学习和探究学习，完成知识的意义建构。多媒体教室一般具有以下五种教学功能。

（一）电声教学功能

多媒体教室可播放录音带、CD 等音频类教学资源，为学生提供标准化的声音示范。此外，教师还能随时用无线话筒、有线话筒进行讲解。

（二）影视教学功能

多媒体教室能播放录像带、DVD 等视频类教学资源，为学生提供直观生动的知识解说，促进学生对知识的理解。

（三）实物演示教学功能

多媒体教室能够将彩色或黑白图片、书籍等纸质教学资源，幻灯片和投影片等胶片教学资源以及实物、模型和现场操作过程投影在屏幕上供学生观看，既可简化教师的教学准备工作，又可满足直观教学的需求。

（四）计算机辅助教学功能

多媒体教室可播放演示文稿、多媒体教学课件以及各种计算机光盘。

（五）网络和远程教学功能

综合性多媒体教室一般能与闭路电视、计算机网络联网，充分利用互联网上的国内外教学资源进行教学，也可以通过网络实施远程示范教学。

三、多媒体教室的使用

多媒体教室将多种现代教学媒体的功能集成一体，通过多媒体的操作台来控制多种教学媒体协调一致地工作，教师应该掌握各个设备的操作顺序。

（一）多媒体教室设备的开启顺序

在课程开始前，开启各种多媒体设备的顺序为：

（1）开启总电源。

（2）开启计算机，放下投影幕布。

（3）开启扩音系统。

（4）调节扩音系统的音量至合适。

（5）开启投影仪。

（二）多媒体教室设备的关闭顺序

在课程结束时，关闭各种多媒体设备的顺序为：

（1）关闭投影仪。（提示：需两次按下投影仪遥控器的电源键。）

（2）将扩音系统的音量调至最小。

（3）正常关闭计算机及其他多媒体设备。

（4）所有设备正常关闭及投影仪散热指示灯不再闪烁后，关闭总电源。

（三）使用多媒体教室应该注意的问题

为了延长多媒体教室的使用寿命，保障课堂教学的顺利进行，教师在使用多媒体教室的时候应该注意以下事项：

（1）不要用粉笔及尖锐物体涂画投影幕布，不使用幕布时，应及时收起幕布，以避免投影幕布被弄脏或破损，降低投影成像质量。

（2）投影仪在工作时灯泡温度很高，长时间在高温状态下工作很易损坏灯泡，为了延长投影仪及其灯泡的使用寿命，长时间（超过 30 分钟）不用，应将其关闭。

（3）在确认投影灯已熄灭，之后稍等 5 分钟左右时间，待投影散热结束、指示灯不再闪烁后，再关闭投影仪电源（或是总电源），以免灯泡无法在风扇作用下充分冷却而发生灯泡破裂和损坏现象。

（4）在开启或关闭各类多媒体设备之前应该确保扩音系统的音量调整到最小，以避免开启或关闭多媒体设备时电流冲击扩音系统，损坏扩音设备。

第二节　电子白板的教学应用

电子白板是在普通白板的基础之上，随着技术发展和教育需求而形成的一种人机互动智能平台，它克服了黑板和多媒体教室的缺陷，能够更好地支持师生互动，因此成为最受欢迎的现代教育技术环境。交互式电子白板建构了一个类似传统“粉笔+黑板”的课堂教学环境，在呈现多媒体资源的同时，教师和学生无须使用键盘和鼠标就可以直接在电子白板上进行书写和绘画，也可以对计算机中的文档和软件进行操控。整个操作既方便又直观，教师不用改变习惯的“板书+讲解”教学行为。可以说，电子白板整合了传统黑板和现代多媒体技术的优势，同时又绿色环保，因此成为一种深受教师喜爱的信息化教学工具。

一、电子白板教学环境的组成

电子白板交互教学环境主要由五部分组成：电子白板屏体、电子白板笔、电子白板软件、计算机和投影仪，如图 4-3 所示。下面仅介绍电子白板屏体、电子白板笔和电子白板软件。

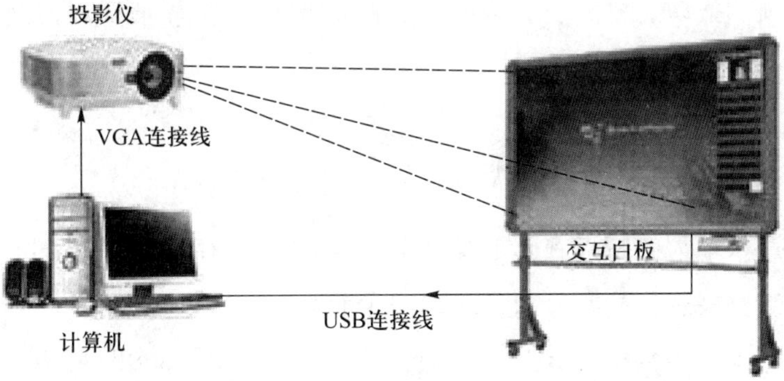

图 4-3　电子白板交互教学环境示意图

（一）电子白板屏体

电子白板屏体是书写操作的界面以及投影机的屏幕。它不断地收集电子白板笔的位置和运动信息，并将这些信息传送到计算机中，然后将计算机的处理结果经由投影机的投射后呈现出来。

（二）电子白板笔

电子白板笔，如图 4-4 所示，具备鼠标的功能，通过轻触笔尖或功能键，就可点击白板工作窗口上的各个菜单栏命令或图标，实现对软件的操作，也能够选用不同的颜色和粗细进行书写勾画。

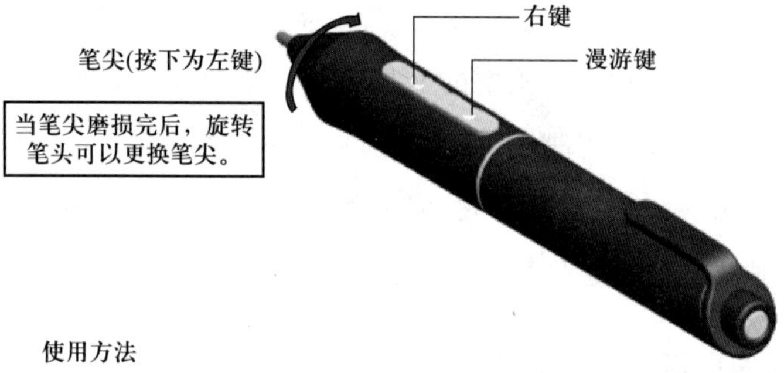

图 4-4　电子白板笔

（三）电子白板软件

电子白板软件是配合电子白板，针对教学和演示应用需求而开发的一套专门的互动教学软件。使用者通过电子白板软件可以实现书写、擦除、标注、绘画、拖动、放大、屏幕捕获、画面保存、屏幕录像和回放、手写识别等教学互动和演示功能。

二、电子白板的教学功能

电子白板最大的特点在于它集书写、记忆、储存、控制和演示等功能于一体。综合来看，其基本的教学功能主要有以下九个方面。

（一）书写与绘图

教师和学生可以直接在电子白板上书写文字、标注或手绘图形，而且笔的颜色、大小、粗细均可修改。利用该功能，教师和学生不仅可以轻松讲解自己的思考过程，同时还可以对呈现出来的内容进行批注和及时反馈，营造出生生互动和师生互动的学习环境。

（二）手写识别

电子白板为用户提供了手写识别工具，可将手写体识别成为印刷体，字的字体、字号和颜色均可设置，可同时识别中文、英文、数字、标点符号等。

（三）教学过程的自动记录与回放

电子白板软件可以将教师的板书过程全部记录下来，并实现板书回放、编辑、改变格式、打印或传送等功能。该功能可以重新展现教学过程，重温思维的脉络，不仅可以方便学生复习知识，还有利于学生在学习中总结学法，提炼方法，从根本上发现问题和抓住解决问题的关键。

（四）模式切换

大部分电子白板都提供了鼠标（控制）、注解和窗口三种应用模式。鼠标操作模式中电子白板笔可以完全替代鼠标，直接操控电脑，如播放视频、播放演示文稿、打开文件等。注解模式则可以利用电子白板笔对当前页面内容进行画图、圈点、批注等操作，所有的操作将保存在电子白板的系统中。窗口模式可以快捷地调用用户在应用注解功能时在电子白板面板中所做过的全部操作记录，并根据不同的页面变化自动保存，还可以另存为PPT、JPEG等文件格式，方便资源的重复利用。

（五）教学资源库

电子白板预装了各个学科的图形/图像、音频、视频、动画、多媒体课件等多种教学资源库。教学资源库中的各种教学资源可以根据需要直接添加到教学内容中，也可以将其他课件或网络中的教学资源保存到教学资源库中供以后使用，或与其他教师分享。

（六）各种学科工具

根据不同学科的需求，电子白板提供了许多专门的工具。例如，电子白板为数学学科添加了三角板、圆规、直尺、立体图形等工具，为化学学科提供了烧杯、试管、量筒等工具。

（七）聚光灯

聚光灯可照亮电子白板屏幕的某一指定区域，突出重点，吸引学生的注意力，使学生专注于被照亮的部分。

（八）放大镜

电子白板提供一个带有坐标刻度的局部放大镜，可以通过放大镜将选定的对象进行放大或缩小。教师可以使用放大镜的功能把教学重点放大呈现，便于学生细致观察，也有利于学生发现问题。

（九）幕布与遮屏

使用幕布与遮屏功能可以遮挡住电子白板上指定的内容，从而可以让教师根据教学进度分批呈现资源，不仅有利于学生集中注意力，更能有效引导学生的思维发展，激发学生思考的积极性与兴趣，发展学生的探究能力。

总之，电子白板的众多技术功能为有效的课堂互动提供了可能性，能否实现有意义的课堂互动还在于教师是否能够有机地整合不同的教学理念与先进的技术，合理设计课堂教学中的师生行为。

三、使用电子白板需要注意的问题

电子白板的板面是电子白板的主体部分和重要的显示部分，在日常使用中需要注意以下事项：

（1）避免用锐利的器物（如刀子、尖指甲等）毁坏和划破电子白板的板面。

（2）不能使用非专业的笔（如带有颜色的笔、普通水笔等）书写（陶瓷面板除外）。如果使用非专业的笔在板面上书写了，必须立即用脱脂棉蘸酒精轻轻地擦拭电子白板的板面。

（3）在对电子白板板面进行清洁之前，应首先退出系统。因为当计算机处于其他状态（如某程序处于打开状态或是快捷图标在桌面上）时触摸屏幕，对屏幕施压会激活程序或弄乱图标。退出系统后，电子白板转入待机模式，这样能更容易地显示出污渍与条纹。

（4）清洁电子白板板面时可以使用拧干的洁净棉制湿布轻轻擦拭。擦洗用的湿布一定要拧干，不能有水流出，避免让水从底框渗入板内。用特制的白板清洁剂可以达到更好的清洁效果。

（5）切勿用干布擦拭板面，以免产生静电电荷。

第三节　多媒体演示课件的制作

多媒体演示课件是指包含多媒体信息（文本、图形/图像、音频、视频、动画等），具有多样性、集成性、交互性，并能动态和全屏播放的多媒体教学系统。从本质上说，多媒体演示课件就是根据教师的教学方案，把需要讲述的教学内容通过多媒体计算机来表述的课堂要件。按教学功能来分，多媒体演示课件主要分为练习型、指导型、咨询型、模拟型、游戏型、问题求解型、发现学习型等。按课件应用策略来分，主要包括自主学习型和演示型两种类型。无论哪种类型的课件，都是教学内容与教学处理策略两大类信息的有机结合。本章主要介绍演示型多媒体演示课件的制作。

一、多媒体演示课件的制作工具

常用的多媒体演示课件的制作工具是微软公司的演示文稿软件Microsoft PowerPoint。作为微软办公软件套件之一，Microsoft PowerPoint是一个简单易学、功能比较齐全、便于集成多媒体信息的工具软件，是一种最为常用的多媒体集成软件和课件制作工具。

利用Microsoft PowerPoint制作的课件简称为PPT课件。如表4-1所示，从课件制作的需求出发，阐述Microsoft PowerPoint作为多媒体演示课件制作工具的功能特点。

表 4-1 Microsoft PowerPoint 在制作多媒体演示课件中的功能

课件设计与制作需求	Microsoft PowerPoint 软件功能
集成多媒体信息	插入主体文字或注解文字、插入艺术字； 插入图片、相册、形状、SmartArt 图形及图表等； 插入视频、音频等媒体文件； 利用自定义控件来输入 Flash 动画
课件交互设计与实现	利用页面对象的超链接来实现幻灯片页面之间的交互； 利用动作按钮来实现幻灯片页面之间的交互； 利用动作设置来实现模拟热区与热对象的交互； 利用自定义动画中的“触发器动画”呈现动画实现交互； 利用宏实现信息内容组织与控制； 利用导航条更好地实现页面之间交互
页面信息动态、顺序呈现	利用进入、退出、强调、路径等自定义动画，实现幻灯片对象的出现、消失、强调、动作路径、动画效果； 利用幻灯片顺序摆放来实现页面的顺序呈现； 利用幻灯片切换来设置幻灯片之间消失和出现的效果
课件界面设计与实现	利用幻灯片模板或背景来统一设置背景； 利用配色方案来统一管理色彩模式； 利用幻灯片母版来统一更改背景与字的样式； 利用填充、叠放功能实现渐变、透明度、阴影、三维等效果
设置幻灯片放映，完成课件发布与交流	利用幻灯片放映功能实现课件动态全屏播放； 可发布为 PDF 或转换成 MP4 视频格式，便于网络发布； 可生成依赖 Microsoft PowerPoint 的 PPTX 文件，不依赖 Microsoft PowerPoint 的 PPSX 放映格式； Microsoft PowerPoint 可以与几何画板、Flash 等其他工具软件配合使用； Microsoft PowerPoint 支持插件和加载工具

二、多媒体演示课件的制作技巧

按照信息加工的顺序，多媒体演示课件的设计与制作可以概括为以下基本操作步骤：

第一步　依据教学设计需要，确定课件的关键信息；

第二步　选择恰当的教学媒体来表达课件的关键信息；

第三步　确定逻辑结构，安排播放顺序；

第四步　设置动态演示效果；

第五步　美化与优化。

以下分述基本步骤及操作要领：

（一）依据教学设计需要，确定课件的关键信息

多媒体演示课件是承载教学内容的多媒体软件系统，但课件绝不能代替教师的讲授，课件是为了解决教师的口语、体态、板书等传统教学媒体无法或很难呈现的教学内容，因此，教师应设计需用课件呈现的关键信息。

1. 分析课件需求

分析为什么要用课件？制作什么样的课件来满足教学需要？如何应用课件等问题。

案例分析：高校教学案例“建构主义学习理论”，该理论抽象难懂，传统讲授难以理解和分析，所以要利用课件来辅助讲解；课件的功能是创设情境帮助学生理解原理，呈现过程帮助学生分析原理；课件应该辅助教师演示和讲解，有利于教学目标的达成。

2. 设计课件关键信息

根据教学目标的需求，设计恰当的教学内容及相关的教学材料。

案例分析：高校教学案例“建构主义学习理论”，教学目标是学生会分析建构主义学习理论的要点，那么课件要呈现两种关键信息：（1）教学内容即建构主义学习理论的要点；（2）教学材料即鱼牛的故事。

（二）选择恰当的教学媒体来表达课件的关键信息

教学媒体是指教学过程中承载和传递教学信息的载体与工具，载体包括文本、图形/图像、音频、视频和动画等多媒体元素。教学媒体的功能是什么？教学媒体的类型如何选择呢？

1. 教学媒体选择的一般步骤

（1）根据教学目标、教学内容，确定媒体的功能

教学目标、教学内容和媒体功能的三维结构图如图 4-5 所示。

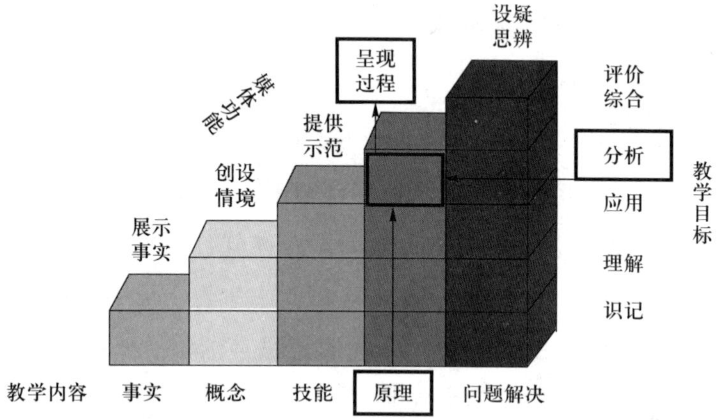

图 4-5　教学目标、教学内容和媒体功能的三维结构图

教学内容是教学中教师要呈现的关键教学信息，也是学生学习的知识点、技能点、情感点等。教学内容一般分为事实性知识、概念性知识、原理性知识和技能性知识。

事实性知识是指客观世界发生的事件、试验操作过程和结果等通过观察和识记所获得的知识类型，比如木块在水中会浮起来的物理现象。有些事实学习者从未见过或经历过，或难以观察，通过多媒体技术转换快慢、大小、远近，把远在天边、难以用肉眼观察的或转瞬即逝的事实图文并茂地呈现在我们面前，使学生也能建立共同经验，帮助理解记忆抽象的概念或原理。

将难以观察或无法亲身经历的事件直观生动地呈现出来，便于观察，从而理解和记忆。例如，历史学科的教师结合照片和视频，再配合口头讲

解历史事件，使学生能身临其境。

概念或原理性知识，是指较为抽象概括、有组织的知识类型，它是对客观事实的本质属性的抽象概括，常表现为学科中的概念、原理、理论、公式等。利用多媒体资源呈现丰富的、典型的情境，将抽象难懂的知识蕴含在直观生动的材料中，便于学生归纳并掌握概念、原理等知识。例如，在讲大气循环原理时呈现示意图，有助于学生理解，如图 4-6 所示。

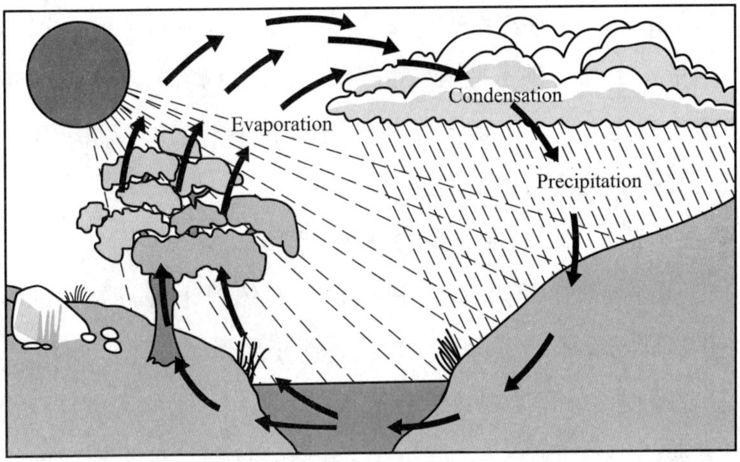

图 4-6　大气循环原理示意图

案例分析：高校教学案例“建构主义学习理论”，建构主义学习理论是原理性知识，为了促进学生学会分析建构主义学习理论，可以利用媒体的呈现功能来展现建构过程。

技能性知识是指通过练习获得的、能够完成一定任务的动作或智力活动系统，以操作过程的程序与要领性知识为基础，通过练习形成动作和智力操作的自动化而形成的。例如，书写、骑车等动作技能，演算、写作、朗读等智力技能。课件通过视频、动画等媒体提供标准行为模式的示范（语言、动作），语言文字描述操作步骤与要领，学习者通过模仿练习训练和强化技能。与此同时，对学习者的操作过程全程记录，纠正错误。例如，在游泳教学时，为学习者提供专业运动员标准动作示范的视频，同时，用摄像机录下学习者的动作进行对比，及时反馈，发现问题，解决问题。

（2）多媒体教学功能

1）提供事实，建立经验：媒体通过图形/图像等展示有关事物的静态空间特征（事物的颜色、形状、内部结构等）；音频、视频、动画表现事物的动态特征（时间与运动）或者科学现象、史料、文献等客观事实，便于师生观察、识记。

2）创设情境，识别并理解概念：媒体通过图形/图像、音频、视频、动画以及少量文字等提供一些有关情节、景色、现象的真实或模拟仿真的情境，使师生间建立共同经验，学生通过对相关资料的观察、感知，形成表象，以便归纳、概括知识，形成概念。

3）提供示范，学习技能：借助视频、动画、解说等，提供一系列标准的行为模式（语言、动作等），学生通过模仿和练习来进行技能的学习。教师给出操作步骤与要领，组织学生模仿，纠正错误。

4）呈现过程，解释原理：借助示意图、视频、动画等媒体资源提供事物运行、发展的完整过程，帮助学生对事物的特征、发生发展的规律有所了解，以此进行演绎推理或类比学习，突破难点，掌握规律。

5）设疑思辨，学习解决问题的程序和方法：借助图形/图像、视频、动画等媒体提供事物的典型现象或过程，利用文字或语言设置疑点和问题，供学生作为分析、思考、探究发现的对象，帮助学生形成解决问题的方式方法。

（3）根据教学媒体的功能，选择恰当的媒体类型

每一种媒体都有其擅长的特定范围，要选择适当的媒体来呈现教学内容，如表4-2所示。

表4-2　教学媒体的功能、媒体内容和媒体形式关系表

教学媒体功能	教学媒体内容	教学媒体形式（符号）
展示事实	教学材料：呈现事物的形态结构	图形/图像、视频、音频、动画
	教学内容：事实	文本

续表

教学媒体功能	教学媒体内容	教学媒体形式(符号)
创设情境	教学材料：呈现典型事物、活动或场景	图形/图像、音频、视频、动画
	教学内容：概念	文本、示意图
提供示范	教学材料：呈现动作或思维过程	视频、动画
	教学内容：技能	文本、流程图
呈现过程	教学材料：呈现事物发生发展的过程	视频、动画
	教学内容：原理(结构、变化过程)	文本、示意图、结构图、流程图

案例分析：高校教学案例“建构主义学习理论”，根据图4-7，通过呈现过程，可以促进建构主义学习理论要点的分析；通过表4-2，可以看出利用视频、动画可以更有效地呈现视觉信息。

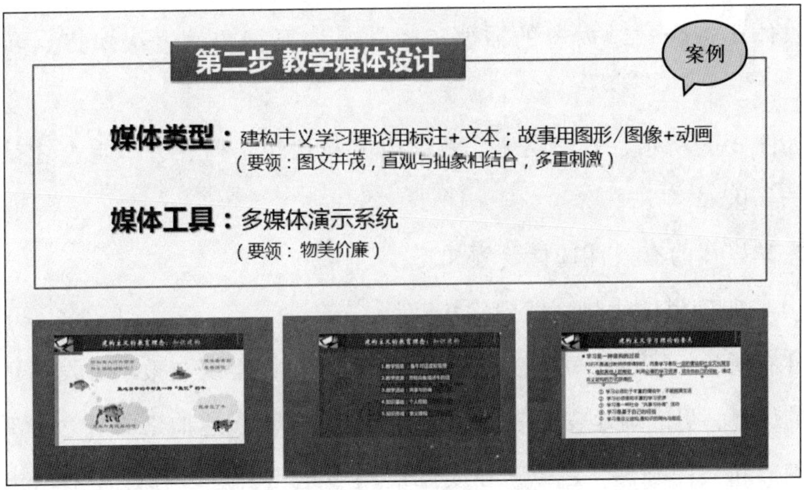

图4-7　教学媒体设计案例“建构主义学习理论”

(4) 填写教学媒体分析表

通过以上步骤，选择恰当的教学媒体功能、媒体内容和媒体形式，填写教学媒体分析表，见表4-3。

表 4-3　教学方案与脚本设计案例“建构主义学习理论”

<table>
<tr><td>课程与教学内容</td><td colspan="6">《信息技术与课程整合》课程中的“建构主义学习理论”</td></tr>
<tr><td>适用对象</td><td colspan="6">大学三年级</td></tr>
<tr><td rowspan="2">使用方式</td><td>1. 资料库</td><td>☑2. 课堂演示</td><td colspan="4">3. 操练复习</td></tr>
<tr><td>4. 自主学习</td><td>5. 仿真实验</td><td colspan="4">6. 其他</td></tr>
<tr><td colspan="7">教学媒体的选择与运用</td></tr>
<tr><td>知识点</td><td>教学目标</td><td>媒体内容</td><td>媒体形式（符号载体）</td><td>使用时间</td><td>媒体的功能</td><td>使用方式或教学策略</td></tr>
<tr><td>建构主义学习理论要点（原理）</td><td>识记
分析</td><td>（1）教学内容：建构主义学习理论的要点
（2）教学材料/例子：虚拟呈现鱼牛的故事</td><td>（1）教学内容的载体：文本
（2）教学材料/例子的载体：图形、文字标注、动画呈现</td><td>10 分钟</td><td>呈现原理有助于识记原理
呈现过程有助于分析原理</td><td>演示讲授</td></tr>
</table>

2. 教学媒体选择的有效性原则

教学媒体的选择要符合有效性原则：教学媒体要发挥其自身的优势；教学媒体要符合教学内容的需要；教学媒体要符合学生认知特点和认知结构。

如图 4-8 所示，教学媒体、教学内容与认知结构三者的重合才是有效信息选择区。

教学媒体的有效性选择要领如下：

（1）明确媒体优势，做到优势互补

寸有所长，尺有所短，教学媒体没有万能的，需要在教学中发挥每一种媒体的优势，更准确地表达信息。例如，文本善于表达抽象的概念、刻画事物的细节和人的心理。所以，在实际应用中也需要将多种媒体加以组合应用，形成媒体优势互补。例如：结合一张照片讲解一个故事（图像与音频结合）；结合数据图表介绍一个经典案例（图形与音频结合）；借助视频、动画、虚拟现实呈现实验操作，用图表介绍操作流程（视频、动画、图形、音频）。

（2）明确教学内容类型，教学媒体符合教学内容需要

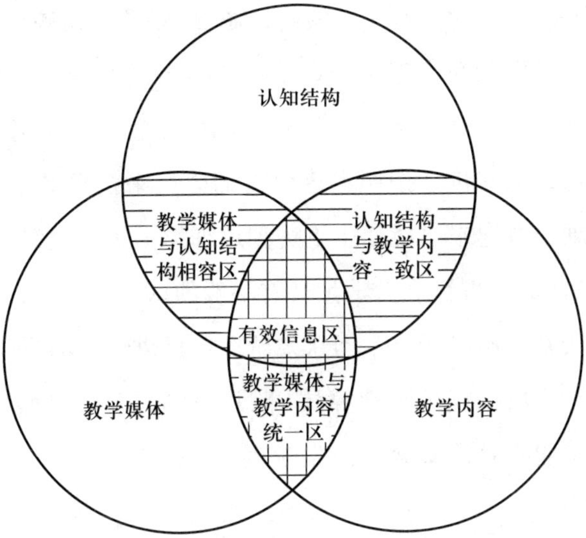

图 4-8　教学媒体选择的有效性原则

如图 4-5 教学目标、教学内容和媒体功能的三维结构图所示，不同的教学内容，要求媒体发挥不同的功能。例如，概念的学习需要创设情境。

(3) 要明确学生的认知特点，选择学生易于理解的媒体来呈现知识

媒体要符合不同学生的认知风格，教师应该根据其认知风格提供恰当的教学媒体，促进认知的有效性。认知风格是指个体在信息加工过程中表现出的个性化的和一贯性的偏好方式。

1) 认知风格个性化。赖丁(Riding)等人对 30 多种风格维度进行了分析，断定可将其综合为两个主要的认知风格维度，如图 4-9 所示。

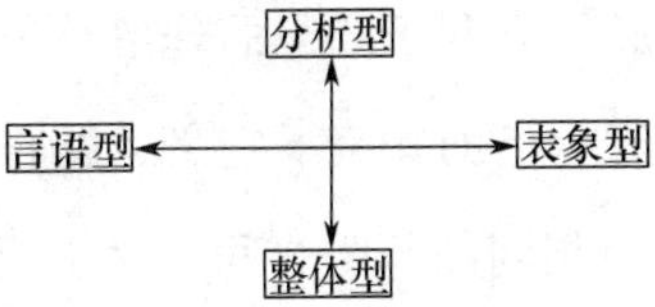

图 4-9　认知风格维度

整体—分析维度，主要与学习者的认知组织相联系，表示个体倾向于把信息组织成整体(即归纳)，还是部分(即分析)；而言语—表象维度，主要是与学习者的心理表征有关，表示个体在思维时借助于言语(即擅长文本加工)还是心理表象(擅长图像结构)来表征信息。

因此，教师在教学中提供多样化的教学资源，除了传统的教师语言、

体态、板书等方式，将学科符号、实物、图形/图像、视频、音频、动画等多媒体信息，与结构化图表相结合，学生在思考过程中，不管借助于语言还是心理表象来表征信息，不管整体接受原样信息，还是通过分析推理形成逻辑有序信息，都有机会按照自己偏爱的方式来接受教学信息，将逻辑思维与形象思维结合起来，使学生更透彻地理解知识的内涵。

2）认知风格的一贯性。大学生具有一般的认知规律，即从感性认知层次上升到理性认知层次，所以不同认知阶段应提供恰当的教学媒体。

感知与探索阶段：宜用直观媒体（照片、视频、音频、动画等）来展示观察的教学材料，能有效地刺激和激发学生的想象和联想，丰富学生的感性认知经验。

知识建构阶段：将直观的多媒体材料与抽象的文本材料结合起来，做到图文并茂，帮助学生通过辨别、判断、推理、论证等思维过程，进而建构知识。

知识表示阶段：通过抽象概括形成的知识，常用文字、学科符号、结构图等抽象的媒体符号来表达。

3. 教学媒体选择的多重刺激原则

根据学习者的认知规律，采用多样化的方式呈现知识，通过直观信息与抽象信息的多重刺激，加深学习者对知识的理解与记忆。

不同的符号可以表达相同的信息，如果选择多种符号来表达同一个知识，更有利于知识的理解与记忆。例如，教师在地理课上讲“褶皱山”的概念时，借助文字下定义，配合直观的褶皱山的模型图则更有助于学生理解。

相同的符号也可以表达不同的信息，应将语言与其他符号相配合，互为补充，以保证信息表达的准确性。例如，在交流过程中，伸出一只手，将食指和大拇指搭成圆圈，美国人用这个手势表示“OK”，是“赞扬和允诺”之意；在日本表示“金钱”；在法国，表示“一钱不值”。由于相同的符号可以表达不同的信息，那么到底要表达的意思是什么呢？这时就要用语言或文字加以说明。

4. 教学媒体的处理技巧

（1）文字处理技巧

文字是多媒体演示课件中的重要信息，其特点是适合表达概念性、概括性的内容。文字的抽象层次最高，最容易编辑，占用存储空间最小。文字适合把关键信息提炼概括或分解成关键语句、关键问题、关键环节或结论等，并以准确、简洁、突出、直观的形式呈现其逻辑关系。文字处理要领是提炼、分解、组合和突出教学关键文字信息，通过与背景的强烈对比突出关键词，并使用恰当的字体，如图 4-10 所示。

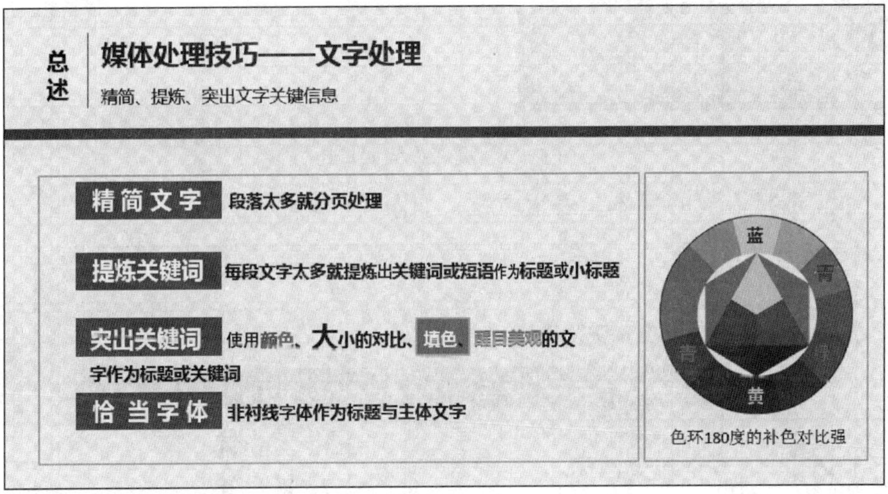

图 4-10 文字处理技巧

1）精简文字：遵循一页幻灯片呈现一个主题的原则，将多个主题拆分成多页。

2）提炼关键词：课件不能直接照搬大段文字，将段落文本提炼概括、分解组合，形成关键词或短语，作为小标题，放在段首或单独成行。例如，图 4-11 是通过归纳段落大意来提炼的关键词。

3）突出关键词：通过对比原则，将关键词与其他文本区别开，以强调关键词。例如，图 4-10 中的小标题“精简文字”是通过背景填色块来突出的。

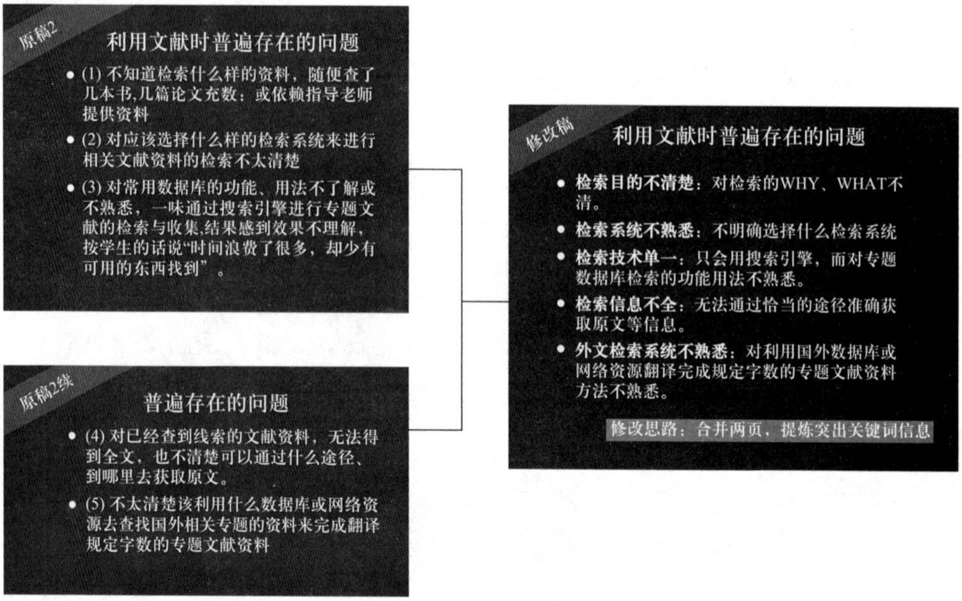

图 4-11　提炼关键词对比

4）选择恰当的字体，表达主题，如图 4-12 所示。

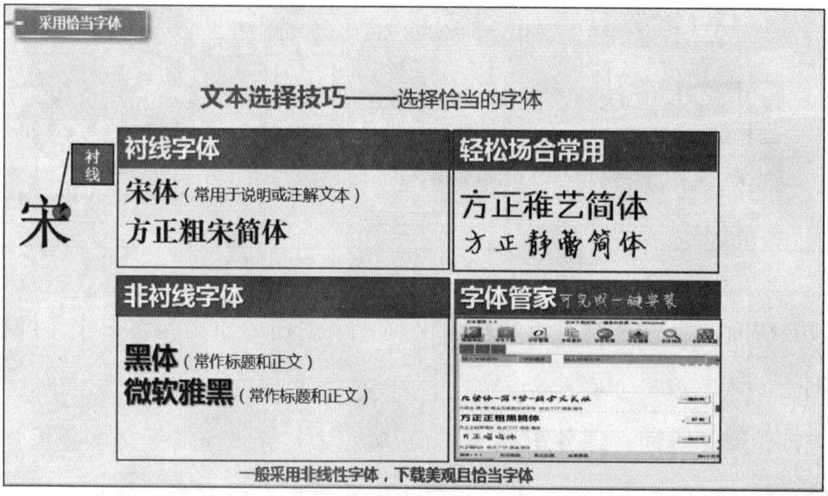

图 4-12　文本字体选择

（2）图形/图像处理技巧

文字表达的信息比较抽象，选择恰当的图形/图像可以直观地表达教学关键信息。

如图 4-13 所示，左图中的知识纯粹用文字表达，抽象难懂。右图中，补充了直观的生活照片、实验中拍摄的照片以及中等直观的图示，辅助解释文字定义及公式，有利于学生理解学习内容。

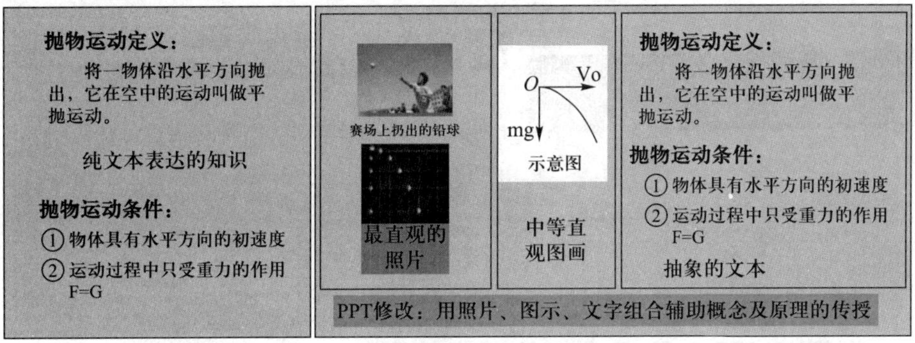

图 4-13　文本与图形/图像处理的对比分析

（3）图表处理技巧

用图表来呈现学习内容可以达到直观形象、条理清晰的效果。图表是以图形和文字相结合，直观地呈现概念之间的逻辑关系（逻辑图表）或者数据之间的大小关系（数据类图表），如图 4-14、图 4-15、图 4-16 所示。

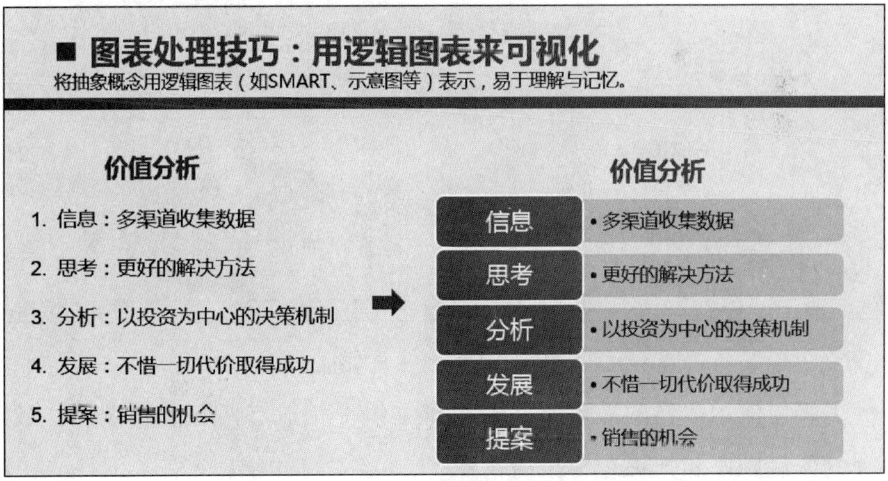

图 4-14　并列文本与逻辑图表的转换

（三）确定课件的逻辑主线，安排播放顺序

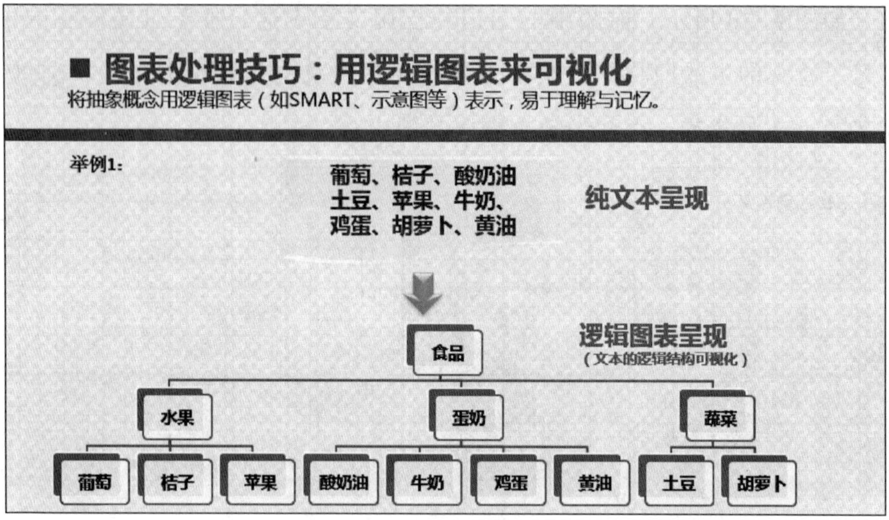

图 4-15 文本与逻辑图表的转换

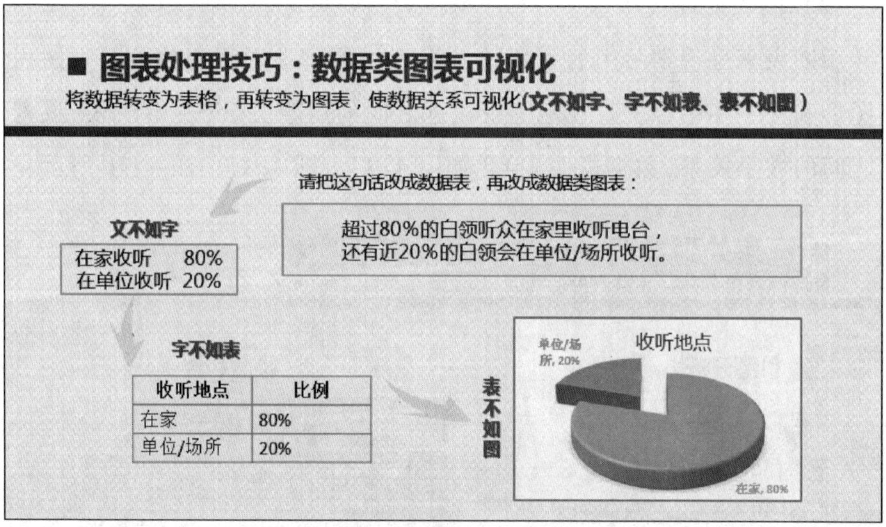

图 4-16 文本、表格和数据类图表之间的转换

多媒体演示课件的播放顺序即逻辑主线，一般有两种逻辑顺序：教学过程的先后顺序和知识逻辑结构。

1. 按教学过程的先后顺序播放

第一种逻辑顺序是按教学过程的先后顺序来安排幻灯片的播放顺序，

例如：导入—揭示知识点—强化知识点—检测—结束。其操作要领为：设置目录与过渡页，逐页播放，如图 4-17 所示。

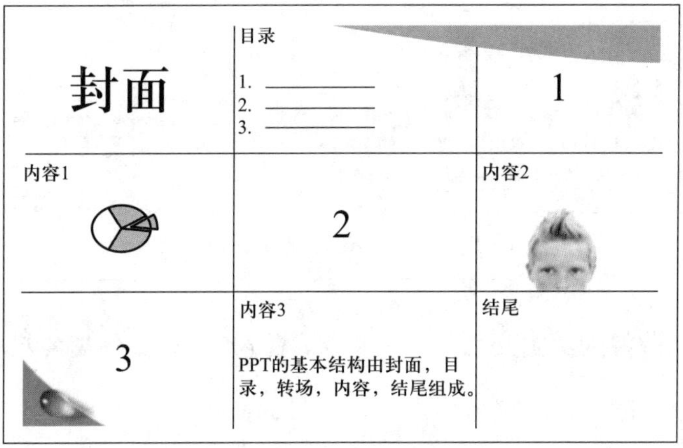

图 4-17　顺序安排幻灯片

2. 按知识逻辑结构播放

第二种逻辑顺序是按知识逻辑结构。为了使幻灯片可以根据用户的需要非线性交互式地播放，其操作要领为：① 文本、动作按钮、导航条、目录的超链接，实现页面间的跳转（如图 4-18）；② 利用触发器动画、VBA 技术来实现页面内交互。其具体实现方法如图 4-19、图 4-20、图 4-21 所示。

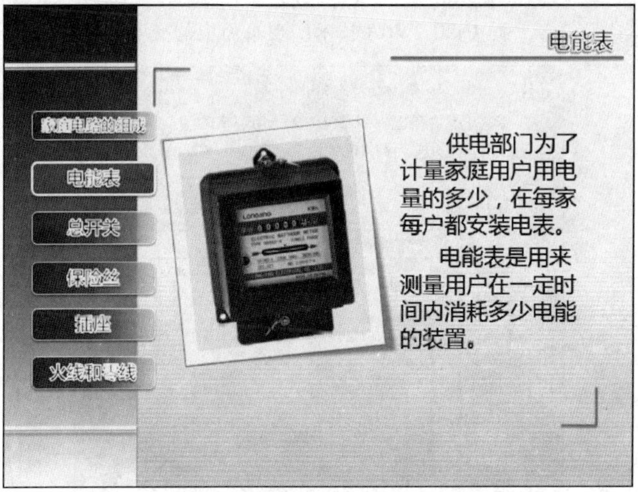

图 4-18　导航条实现页面间的跳转

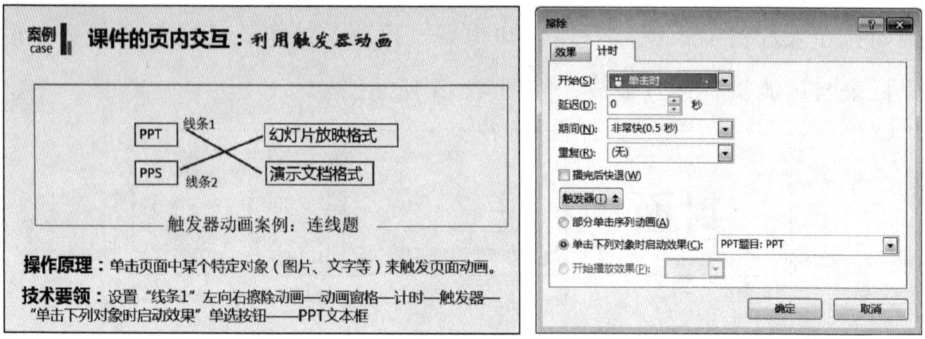

图 4-19　触发器动画实现页面内的交互

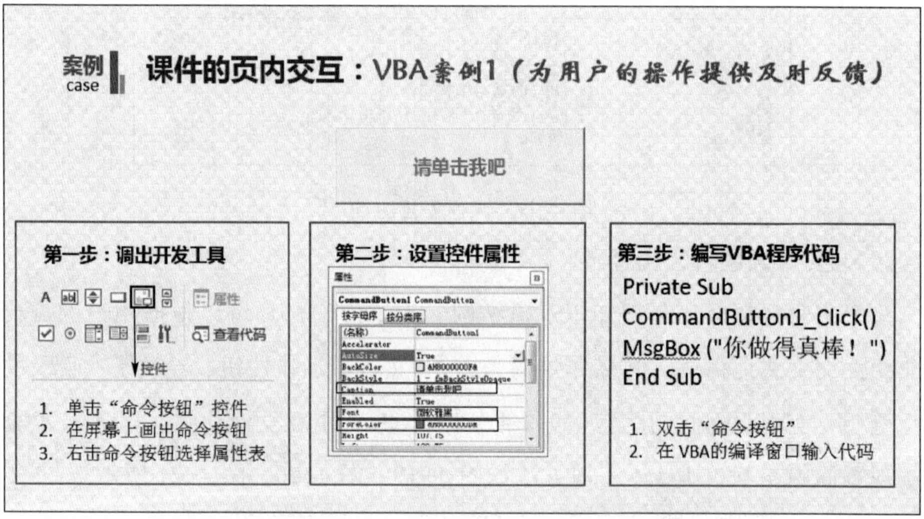

图 4-20　VBA 技术实现页面内的交互

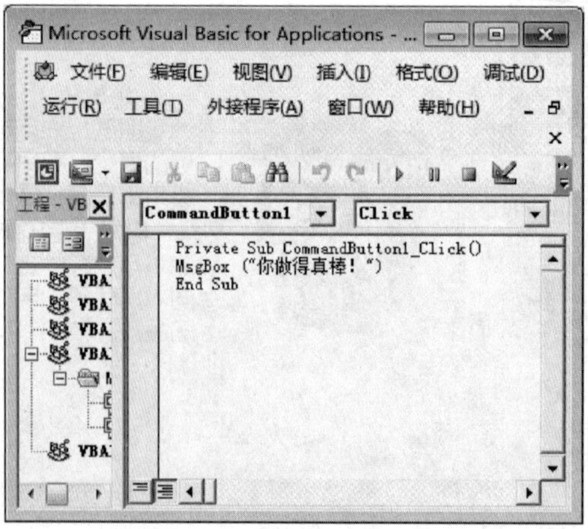

图 4-21　VBA 的编译窗口

（四）设置课件的动态效果

多媒体演示课件的动态效果有两种技术，即幻灯片切换和自定义动画。

幻灯片切换是指下一张幻灯片出现时的动态效果。操作方法即为单击“切换”菜单，选择工具栏中常用的效果，即为当前幻灯片选择了动态效果。

自定义动画是指可以自己定义幻灯片中对象的进入、退出、强调和路径的动画。本部分重点介绍如何自定义动画。

1. 自定义动画的功能

（1）强化关键性的信息或提示，引起注意

动画可以抓住观众的视觉焦点，课件通过文字与图形/图像的逐一显示、放大、变色、闪烁等动态方式突出关键词。

（2）让信息呈现有序

使用动画实现从无到有地呈现信息，可以按顺序显示文本的逻辑和层次关系，也可以解决页面信息过满的问题。

（3）动态模拟一些运动现象

动画可以动态、生动地呈现事物发生发展的过程，可以呈现思维加工的过程，可以展示知识之间层层递进的关系，而且也能充分体现出多媒体演示课件的优势。

（4）控制对象，实现交互

设置触发器动画，可以通过一定的触发条件来控制对象的出现，一方面可以方便教师交互，另一方面又可以解决信息量大的问题。

2. 自定义动画必须满足的条件

（1）动画要有意义

图片是静态的，常用来表示人、物、状态等意义；动画赋予其动态，常用来表示动作、方向、进程、序列以及强调等意义。

（2）动画要生动、自然但不夸张

动画要反映事物运动本身的规律，符合知识呈现的内在逻辑关系，符合教学活动开展的逻辑顺序，做到生动、自然但不夸张，才是合理的动画。

例如：移动从左到右要比从右到左舒服，因为这符合我们的阅读习惯；移动从上到下要比从下往上看起来更容易，因为这符合我们的重力常识。

3. 自定义动画的制作技巧

(1) 选择自定义动画的基本类型

Microsoft PowerPoint 提供了四种类型的自定义动画，包括进入动画、退出动画、强调动画、路径动画。

1) 进入动画

进入动画是指页面里的对象（包括文字、图形/图像、组合及多媒体素材）从无到有、陆续出现的动画效果。

进入动画有四种类型：基本型，即在动作过程中，对象所占版面大小、位置不会发生变化；细微型，效果不太明显；温和型，效果适中；华丽型，动作夸张，动画幅度大，变形明显。

进入动画的设置方法：在菜单栏执行“动画”→“添加动画”→“进入”→“飞入”或其他效果操作命令。

2) 强调动画

强调动画是指在放映过程中引起观众注意的一种动画，对象已经存在，通过形状或颜色发生变化以引起观众注意。强调动画一般用在两种场合：第一种是在进入动画完成后，再一次呈现动画，更加引起关注；第二种是在进入、退出和路径动画进行过程中添加强调效果，从而使对象运动更立体、更逼真。

强调动画的设置方法：在菜单栏执行“动画”→“添加动画”→“强调”→“脉冲”或其他效果操作命令。

3) 退出动画

退出动画是进入动画的逆过程，及对象从有到无、陆续消失的一个动画过程。退出动画的效果，一是注意与进入动画保持呼应，一般怎样进入的，就按相同效果、相反方向退出；二是注意与下一页或下一个动画的过渡，能够与接下来的动画保持连贯。

退出动画的设置方法：在菜单栏执行“动画”→“退出”操作命令，方法同进入动画。

4）路径动画

路径动画是指页面中的对象从某处移动到另一处。移动的路径可以是预设的也可以自己绘制。

路径动画设置方法：在菜单栏执行“动画”→“添加动画”→“动作路径”→“直线”或其他效果操作命令。

（2）设置动画播放的启动方式

可以针对幻灯片中的每个元素设置动画的启动方式，方法是：单击“动画”菜单，选择动画窗格，单击某元素(如示例中的“Picture 2”)右侧的下拉按钮，出现动画启动菜单，如图4-22所示。

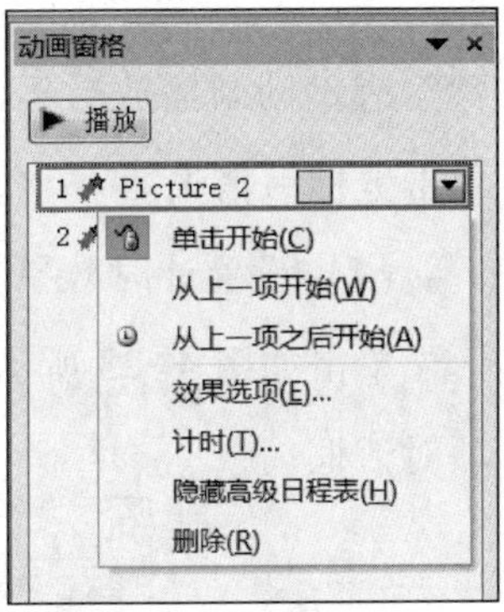

图 4-22 动画启动菜单

相应功能的说明如下：

单击开始：是指该元素动画出现的条件是单击鼠标。

从上一项开始：是指动画与上一次动画同时出现。

从上一项之后开始：是指上一次动画之后某秒(这个时间可以在“计时”中设置)后，动画才出现。

（3）设置播放效果

单击图4-22中的“效果选项”，出现如图4-23所示的效果选项对话框。

设置：用于设置该动画的运动方向、运动效果等，不同动画效果的设置选项是不同的。

声音：设置伴随该动画的声音效果。

动画播放后：“不变暗”表示动画播放后保持原样，“播放动画后隐

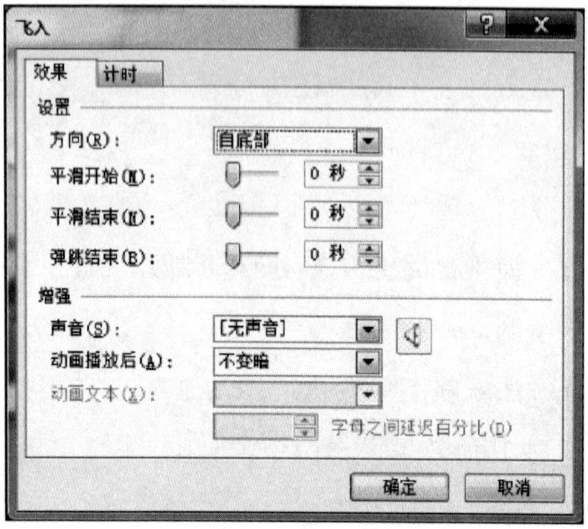

图 4-23　效果选项对话框

藏”表示动画播放后运动元素消失，“下次单击后隐藏”表示运动元素在单击鼠标后消失。

（4）设置计时效果

单击如图 4-23 所示的“计时”选项卡，出现如图 4-24 所示的计时选项对话框。

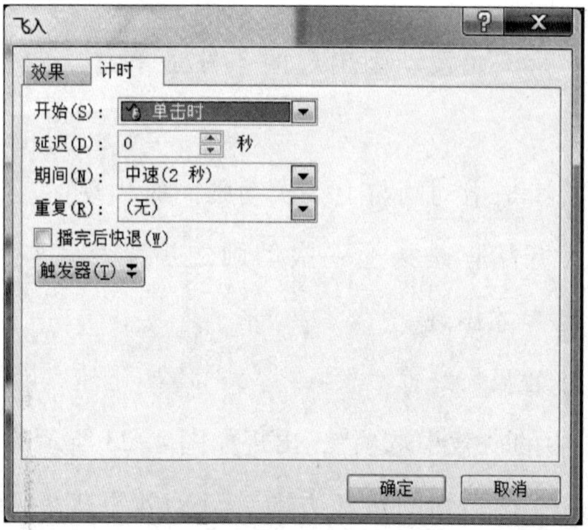

图 4-24　计时选项对话框

开始：即先前设置的启动方式，此处也可以改变。

延迟：指执行启动动作后等待的时间。

期间：指该动画的运动速度。

重复：指该动画重复播放的次数。

（五）多媒体演示课件的优化与美化原则

课件制作完成后，一般还需要进一步美化。美化即是更美观地表达信息，符合审美需要。课件的优化与美化应遵循以下五个原则。

1. 简洁性原则

突出关键词，利用图形图表实现简洁化表达。如图 4-25 所示的案例，将纯文字的左图，为文字添加蓝或红的填色，摆放成钟表形状并加上指针，即突出了文字信息，又将文字的逻辑关系清晰地呈现出来。

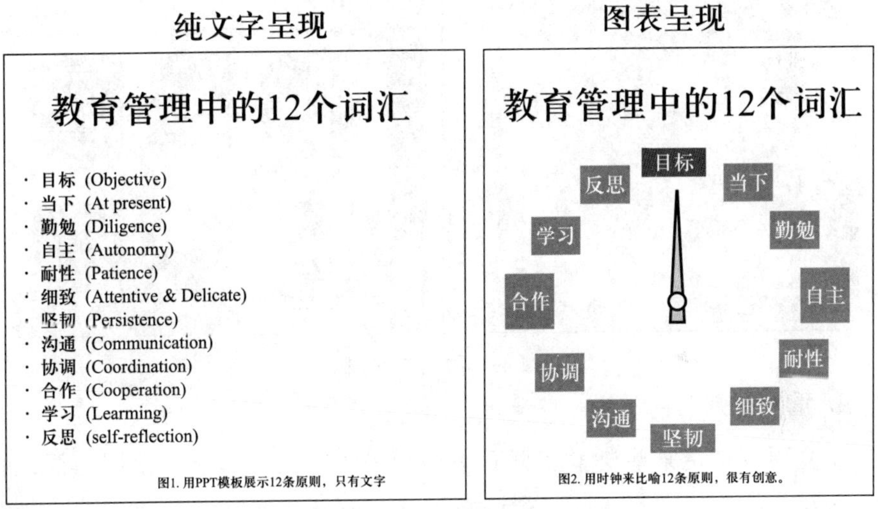

图 4-25　简洁化案例

2. 亲密性原则

亲密性原则就是将相关项组织在一起。具体用于文字与文字、图与文字的间距因其相关性而相互靠近。如图 4-26 所示，将说话人与说的内容之间间距增大，并且将说的内容作为整体使间距减小，从而使信息分块更明显，更容易辨识。

3. 对齐原则

对齐原则就是将相关内容排列整齐，如图 4-27 所示。

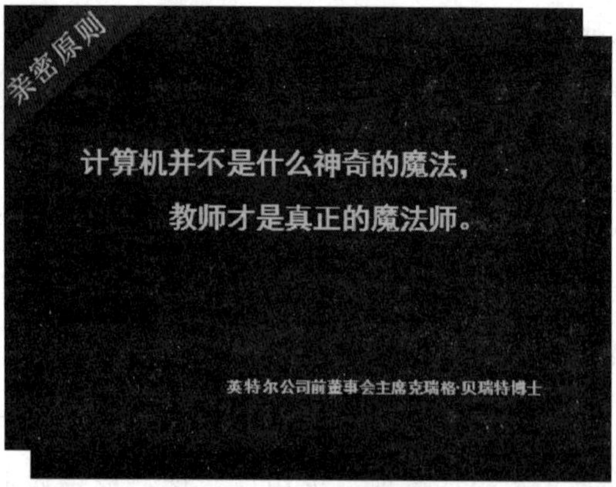

图 4-26　亲密性案例

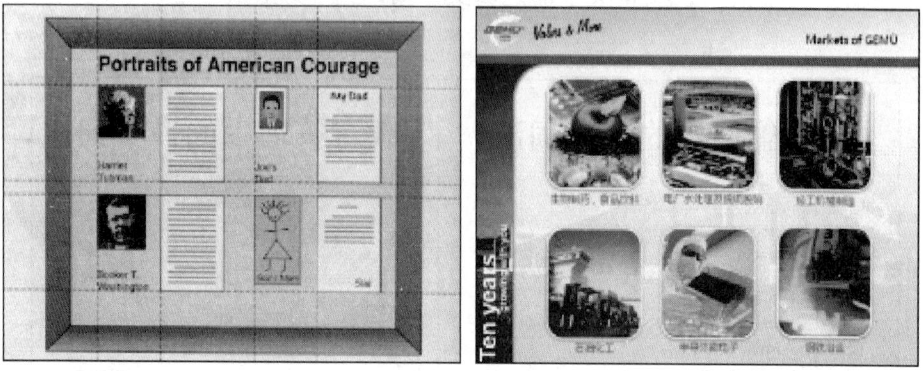

图 4-27　对齐案例

4. 重复原则

重复原则是指某些要素在页面中重复出现。设置母版，使同一层次标题的字体、字色、字号相同，每页加上统一的版权标识；选择模板，使每页背景相同。

5. 对比原则

对比原则是指突出不同，就要截然不同。通过改变字体、字色、字号、与背景色形成强烈对比。如图 4-28 所示，通过字体、字号、字间距等对比来突出关键词。图中所显示的内容也是符合对比原则：选择对比最明显的颜色就应选择互为补色，即“十二色相环”中相对的颜色，如蓝色和橙色为一对补色，利用互补色可产生强烈的对比，是课件中文字能从背景中突显出来的颜色选择方案。

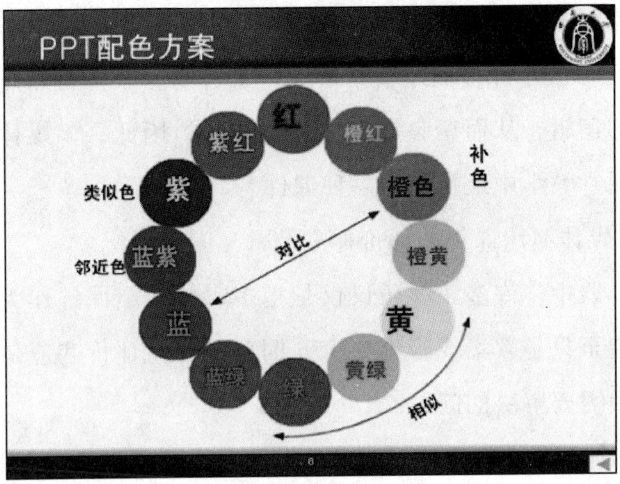

图 4-28　PPT 配色方案

第四节　多媒体课堂教学应用模式

高校教师在多媒体课堂教学过程中，首先要明确多媒体演示课件的功能特点，并能按教学目标和内容的要求，设计恰当的教学媒体开展教学。

一、多媒体演示课件的应用

（一）多媒体演示课件的功能特点

（1）多媒体演示课件是一种包含着多媒体元素的教学软件。在多媒体演示课件中我们可以使用文本、图片、声音以及视频等多种媒体信息同时刺激学习者的左脑与右脑思维和记忆，以达到更好的表达效果。

（2）多媒体演示课件能直观生动地呈现教学内容。由于能动态、交互地呈现多媒体信息，能更符合客观事物的运动规律，能更直观生动地演示客观事物以及人类思维的运动过程。

（3）多媒体演示课件是教师演讲、授课或者演示时的辅助工具。教师可以灵活地控制其播放的时间、顺序，从而灵活地实施教师的教学策略。

（4）多媒体演示课件的编辑与修改特别容易，教师可以随时改动多媒体演示课件的逻辑，从而调整教学的逻辑结构。因此，多媒体演示课件已成为教师在课堂教学中最常用的一种课件。

（二）多媒体演示课件的评价标准及常见问题剖析

在教学实践中，许多教师还仅仅是把多媒体演示课件作为教学内容的呈现方式，甚至只是教案或板书搬家，因此，如何评价和应用多媒体演示课件是教学中需要解决的问题。

评价多媒体演示课件应主要考虑以下几个因素：首先，课件是否能有效地促进教学目标达成，即教学性如何；其次，课件是否能准确地表达信息，即科学性如何；再次，课件是否符合人们的审美要求，是否能让人愉悦地读懂课件内容，即艺术性如何；最后，课件是否能在不同的硬件环境和软件环境中正常运行，是否具有兼容性与稳定性，即技术性如何。下面着重从教学性、艺术性和技术性三个方面来分析课件的质量，并剖析问题案例。

1. 教学性

课件是为教学服务的，评价课件优劣最重要的指标就是看课件是否有利于教学目标的达成。关键要领：选题适当，即选择符合学习者需要，能与教学目标和教学内容相吻合的课题；媒体选择合理，能发挥多媒体技术的优势，突破教学内容的重点、难点，易于学习者理解和记忆；结构合理，逻辑严谨，导航清晰，体现教学内容的知识结构；具有启发性，能调动学习者的学习积极性。

常见问题与解决策略：

（1）选题不当，滥用技术

问题：选题不当，滥用技术，没有紧紧围绕教学目标。一个极端就是过分追求多媒体形式，将文字信息全部转换成图形/图像、视频等多媒体元素，几乎变成全图课件，不利于教学关键信息的准确呈现；或者过分强调动画的炫酷，动画没有表达事物动态变化的规律，也没有反映思维的逻辑顺序，这样的动画喧宾夺主，违背了无意注意与有意注意的规律，对教学是无效的，甚至是负效的。

解决策略：选择符合教学目标和学生特点的技术。

课件的主要作用是有效表达教学内容，而不是展示制作技术。所以，在课件设计时，要紧紧围绕教学内容的需要，精心选择教学媒体，发挥媒体的优势，恰当地表达教学内容。例如：用视频来呈现真实运动过程；用图形/图像来表达直观概念；用结构化的图表来表达知识之间的逻辑关系。

另外，课件应符合学生的认知特点，要根据学生的特点来选择相应的媒体与技术。例如，小学生偏好简单图形（卡通），中学生更偏向真实的照片，大学生喜好具有抽象的图表来表达信息。

（2）没有发挥多媒体的优势

问题：没有发挥多媒体的优势，只是教材搬家或文字堆砌的讲稿。

课件是教学内容的重要载体，但如果只是将书本中的文字内容一页页地复制到课件中，就不是课件而只能称为文字堆砌的讲稿了，这样教师照着念，必然会影响教学思路和教学方法的顺利推行，也会使学生感到枯燥无味，影响教学效果。

解决策略：精简文字，用图表直观表达，其他信息采用体态或口语表达等。

1）提炼文字性的教学内容。教师应该把高度抽象的文字信息，如重要的概念、原理及结论充分理解后，以最精炼的文字表达出来；与此同时，找到知识点之间的逻辑关系，并以知识结构图（或概念图）的方式高度概括化、系统化、直观化地表达出来，例如用层次结构、树型结构来呈现知识。

2）转换内容的表达形式。课件中可借助文字、图形/图像、音频、视频及动画等形式，将抽象内容直观地表达出来，促进学习者对抽象知识内容的理解与记忆。

事实证明，以多样化的形式来呈现教学内容更有效，更有利于满足不同认知偏好的学习者。如：有的喜欢读文字，有的则偏好读图。

（3）逻辑结构不清晰

问题：课件缺乏清晰准确的逻辑结构，没有准确表达知识的内在逻辑。

如果课件没有导航设计或导航混乱不清，可能会导致教师只能按预先设计好的教学内容和教学思路按部就班地推进教学进程，限制了教学的灵活性，也不利于课件的推广和重复使用，更严重的是可能使学习者难以把握教师的内容与思维逻辑，迷失在大量的信息之中，不知所云。

解决策略：设置清晰导航。

1）课件结构顺序按教学过程的先后顺序。可按以下环节展开：导入—揭示知识点—强化知识点—测验—结束。在每一页加上所在环节的名称以明确当前位置，通过设置链接也可以随时跳转到相应教学环节。

2）课件结构顺序按教学目标与知识点设计。一方面可以按知识点设计导航，另一方面也可以将内容分解成积件（一个个小的相对完整的知识单元），将积件所包含的知识点作为导航依据。

3）课件结构顺序按播放顺序设计。为简化教学过程中的跳转，教学顺序相对固定的内容，直接加上过渡页，也可以通过每页中知识点加上顺序号，代表知识点之间的相互关系。例如，“1/3”代表总共3页，当前是第1页。

（4）过分依赖课件

问题：过分依赖课件，教学策略不当，没有启发和调动学生的学习积极性。

教材中的文字内容被整页整段搬到课件中，教师照本宣科，教师的教学智慧难以体现，学生也缺乏思考，教学失去了灵魂。整个课堂自始至终在翻动课件，而对其他的教学媒体和形式，如黑板、模型、实验、推演等视而不见，原本应该的多种媒体变成了课件这一种媒体。

解决策略：多种教学媒体配合，采用灵活多样的教学策略。

1）明确教学目标和对象。课件只是辅助教学内容传递，促进教学目标达成，促进学习者的发展。所以，教师在课件设计时要站在学习者的角度思考，知识点讲清楚没有，知识点讲过后有什么样的疑问，并且考虑知识点如何更清晰地呈现出来，将会出现的问题或疑问逐一呈现出来，并即时反馈，给出问题的结论。

2）明确不同媒体的优势。将口语、板书等传统媒体与多媒体进行合理组合，优势互补。具体在课件设计、脚本设计时应明确所选用的教学媒体，如果口语、体态语、板书等传统媒体能解释清楚的情况下，不一定用多媒体。

3）在课件中体现教学策略。在教学过程中教学提问、教具模型演示、多媒体演示都要有助于教学目标的实现，因此课件是呈现教学内容，或是启发学生思考，或是有利于巩固知识，教学策略要有所体现。

2. 艺术性

课件的界面设计应符合美学原则。操作要领：界面上的内容要简洁、美观、重点突出、布局合理，符合学生的视觉心理，符合所呈现内容的特点；整个界面色彩搭配合理，整体风格相对统一；语言文字规范、简洁明了，展示方式自然、协调，文字与背景搭配适当；语音和音乐清晰，无杂音，对课件能起到积极补充的作用。

常见问题：课件设计缺乏美感，构图杂乱、色彩太多且搭配不合理、主体与背景缺乏对比等。

解决策略：

1）合理构图。信息安排有序、主次得当是构图的基本原则，课件中一般采用上下型、左右型、曲线型等方式构图，但也常常通过面积大小、颜色块等来形成视觉构图的变化。

2）协调颜色搭配。课件的一个页面最好不超过四种颜色，并且所选颜色在色调上要协调。一般来说，课件要以一个色调为主。要运用鲜艳的色彩来突出重点，如红色、黄色等鲜艳颜色易引起注意；但更重要的是通过前景与背景色的高度反差来突出关键信息。如在蓝底上用黄色字，蓝黄是一对补色，利用黄色可以突出关键词，更易引起注意。

3）整齐排列。课件中的文字、图形、图表等对象排列不能杂乱无章，只有将相关信息对齐、靠近才能更清楚地呈现信息。

3. 技术性

课件控制性好，能正常运行。操作要领：纠错性能好，在运行过程中不出故障，声音、视频、动画等能平稳、正常的运行；提供适当的导航，界面友好，交互性好；外观和操作应做到一致，并使对象的功能和动作可以预期；恰当运用多媒体效果（一般应包括三种以上的多媒体元素）。

二、多媒体课堂教学模式

（一）基于多媒体教室系统的“传递—接受”教学模式

多媒体教室是普通教室信息化后的产物。因此，从教学组织形式来看，多媒体教室主要适用于班级授课。从教学方法来看，多媒体教室中的课堂教学模式以“传递—接受”为主。另外，多媒体教室也可用于学术报告活动、观摩示范课和欣赏课等。

教师在设计基于多媒体教室中的课堂教学时，应注意充分发挥多媒体在呈现事实、创设情境、提供示范、呈现过程、设疑思疑等方面的优势，辅助讲授教学内容，达到教学目标，提高教学质量和效率。

【案例研习】

《汉字的形体构造法——象形》教学设计方案①

一、学习目标与任务

（一）学习目标描述

知识目标：学生能举例说明汉字的构造法之一——象形，以及古文字中的象形字是怎样演变为现代汉字的。

技能目标：学生能在对外汉语教学中利用汉字构造的知识来创新教学方法，以更为形象直观的方法融入部分对外汉语教学中。

情感目标：学生能感悟汉字文化的魅力，激发对汉字学习的兴趣，从而更好地推动汉语国际教育和传播中华文化。

（二）学习内容与任务说明

汉字的形体结构是汉字教学中的重要部分，是准确理解和习得汉字的必需步骤。汉字的形体结构包括象形、指事、会意、形声。本次课的主要教学内容是象形的基本概念、类别以及构造方法，一些典型象形字的演变过程。

二、学习者特征分析

汉语国际教育硕士：均为留学生，已通过 HSK5 级考试，已具备较好的汉语听说能力。本班共计 9 人，其国籍构成情况为：1 名泰国学生，7 名越南学生，1 名哈萨克斯坦学生。本班学生学习积极性高，对汉语及汉字文化的学习有极其浓厚的兴趣，但缺乏对汉字专业知识的系统认知，将来可能从事汉语教学或其他相关工作。

三、学习环境与学习资源设计

1. 学习环境

学习环境以多媒体教室和互联网资源为主。

---

① 改编自西南大学国际学院白小丽的教学设计及课件。

2. 学习资源类型

学习资源以课件、视频、网站资源为主。

3. 学习资源内容简要说明

（1）搜文解字网站，该网站介绍汉字的古文字知识，如甲骨文、金文。

（2）《汉字动画》视频，该视频以动画形式演示一些象形的古文字。

（3）《汉字演变动画》视频，介绍几个常用汉字的演变情况。

（4）课件：《汉字的形体构造法之一——象形》。

四、学习情境创设

课堂讲解、启发式提问、小组讨论、师生互动。

五、学习活动组织

1. 自主学习设计

学生浏览搜文解字网站，了解甲骨文、金文等古文字知识。教师课堂提问检测。

2. 协助学习设计

学生采用分组竞赛，回答问题。

学生采用分组协作，以小组的形式完成课后作业。

3. 教学流程

教学流程如表 4-4 所示。

表 4-4　教 学 流 程

教学环节与时间安排	教师活动	学生活动	设计意图
导入 （5 分钟）	1. 请学生赏析《汉字演变动画》视频。  2. 简要介绍汉字形体构造法之几个典型的象形文字的演变。例如：月、明、木、林等。 导入新课，明确教学内容为象形字的含义、分类及演变过程	学生从所观看的视频中找出其中所看到的汉字	通过提问、视频与学生互动，引出本次课所要学习的汉字构造法：象形

续表

教学环节与时间安排	教师活动	学生活动	设计意图
新课讲解（20 分钟）	1. 讲解“象形”“象形字”的定义。 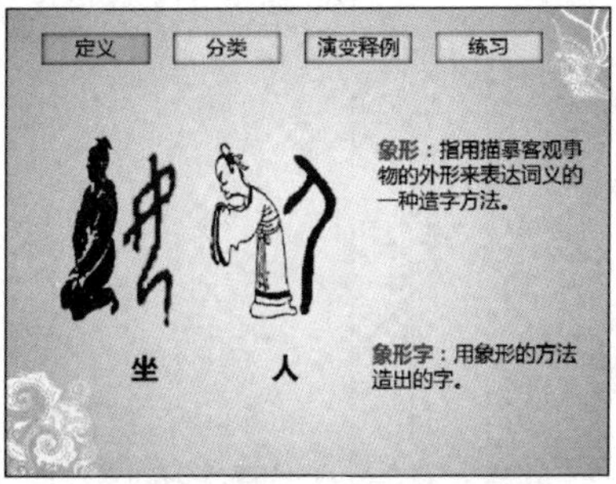 2. “象形”的分类：独体象形和合体象形。 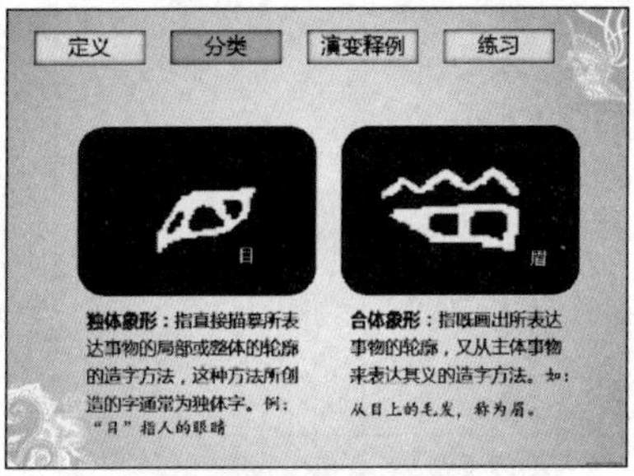 3. 播放部分象形字演变的幻灯片。 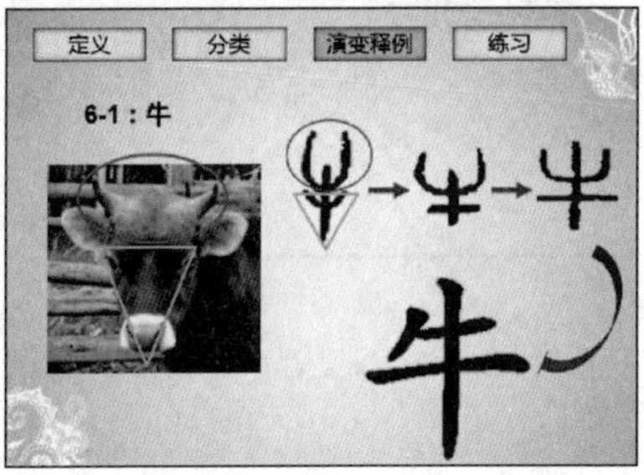 	1. 借助媒体提供静态图片，创设情况，理解什么是象形、象形字。 2. 借助媒体提供静态图片（即两个典型例子），创设情境，理解独体象形字和合体象形字。 3. 借助自定义动画加上圆形与三角形标注，帮助分析几个典型象形字的演变过程。 4. 描述部分现代汉字的历史演变	启发学生对汉字中的象形造字法相关知识的学习和思考
归纳小结（3 分钟）	总结如何去判断一个现代汉字是否是象形字	总结象形字的特征，能够区别独体象形与合体象形	学生在老师引导下学会总结，应用概念判断

续表

<table>
<tr><th>教学环节与时间安排</th><th>教师活动</th><th>学生活动</th><th>设计意图</th></tr>
<tr><td>课堂练习（10 分钟）</td><td>播放幻灯片中的练习题。引导学生由易到难去判定象形字。
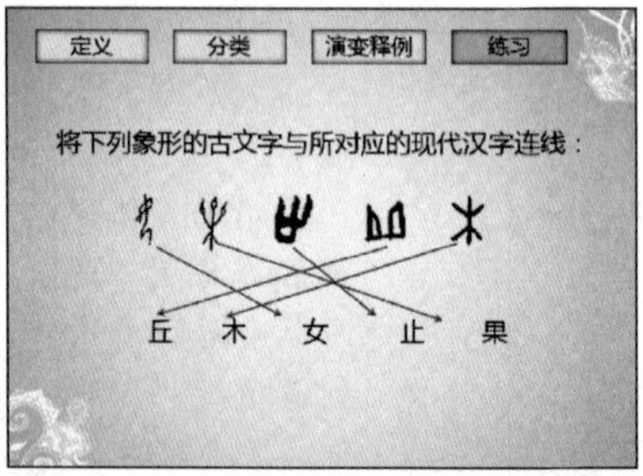

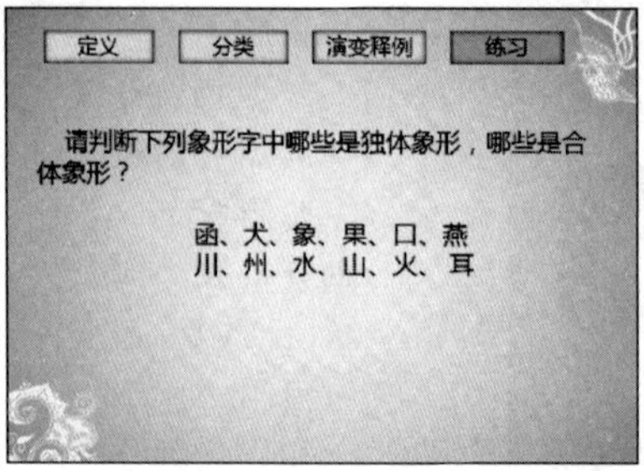
</td><td>学生分两组完成课堂练习</td><td>遵循由易到难的原则加以训练</td></tr>
<tr><td>布置作业（2 分钟）</td><td>1. 搜集 10 个生活中常见的用象形方法构造的汉字，并按序列出其从古文字到现代汉字的演变过程。
2. 思考怎样将象形字的演变更好地运用到我们对外汉字的教学中</td><td>学生两两一组完成课后作业。下次课为大家简要介绍</td><td>以小组形式完成任务</td></tr>
</table>

六、学习评价设计

1. 测试形式

采用课堂练习测试和课后作业测试两种形式。

2. 测试内容

（1）将象形的古文字与所对应的现代汉字连线。

（2）判定常用象形字的类别。

（3）搜集 10 个生活中常见的用象形方法构造的汉字，并按序列出其从古文字到现代汉字的演变过程。

（二）基于电子白板的多媒体课堂教学模式

交互式电子白板独特的软硬件技术使其具备了其他教学媒体不具备的特性。当前交互式电子白板的课堂教学应用模式主要有三大基本类型：教学资源模式、情境创设模式和交互整合模式。

教学资源模式是为教师提供以交互白板为核心整合其他数字化信息技术设备和教学素材，并辅助教师多方位、系统地展示教学信息，以完成扩展或丰富学生的学习经验为主要目的。在这种模式中电子白板的作用是为教师提供并呈现教学资源，辅助教师教学。教师在教学设计中，筛选或整理相关的图片、影片或网页内容等媒体资源，补充教师现有教学素材的不足之处，并且允许学生浏览教师所建议的媒体内容，扩展其学习经验，此模式经常用的策略是讲述示范和操作练习。

情境创设模式主张电子白板不只是支持或补充教学活动的不足，而是积极安排或刺激学生操作的信息软件或应用设备，让学生沉浸在电子白板创设的情境中，去完成教师提出的学习任务，期望学生在学习任务中解决问题与思考，再从思考中建构知识。此模式经常运用的策略包含运用电子白板进行探究教学与问题解决策略，以及采用虚拟现实情境模拟或游戏媒体让学生在操作中理解与获得知识。

交互整合模式则是将交互式电子白板和网络有机结合起来，让教师能够照顾到每个学生的进展，进而实现较强适应个别化学习的过程。在该模式中，电子白板与网络整合构成一个整合式学习系统，其中主要是以网络服务器作为系统平台，整合超媒体、文件传输、同步与异步的交互以及系统记录过程等功能。

（三）探究教学模式

WebQuest 是由美国教育技术专家伯尼·道格和汤姆·马奇首创的一种基于互联网资源的课程单元探究教学模式。在国际上，WebQuest 已经被看作一种规范化的网络探究教学方法，特别适合多学科综合主题教学活动的开展。

探究学习是学生在教师指导下，从自然、社会和生活中选择和确定专题进行研究，并在研究过程中主动地获取知识、应用知识，以解决问题的学习活动；是师生共同探索新知的学习过程；是围绕解决问题共同完成研究内容的确定、方法的选择及为解决问题相互合作交流的过程。

WebQuest 模式的教学环节如下：

（1）情境（引言）：为问题解决和项目任务提供了可信的具体情境。

（2）任务：围绕问题设计若干项细小的任务，通过完成这些任务，学生可以获得解决问题所需要的一些事实信息。

（3）过程：描述在探究活动中学生应当遵循的活动步骤和相关建议，包括小组角色分配、任务分配、工作流程等环节，是帮助学生完成活动任务的“支架”。

（4）资源：为学生提供解决问题或完成项目任务所要用到的网络资源。

（5）评价：通过量规来实现对学生的学习过程、学习结果等方面的评估。

（6）总结（结论）：多用于展示学生的探究成果，其作用在于为学生提供总结经验的机会，鼓励学生对过程进行反思，拓展并概括所学知识。

实践运用

1. 结合多媒体信息的类型与功能特点，以及课件制作的实践经验，阐述如何发挥多媒体信息的优势，符合教学内容的需要和学生的认知特点。

2. 根据多媒体课件设计与制作流程，结合某一课件，写出自己的多媒体课件设计与制作步骤。

3. 阐述多媒体学习理论的基本观点及其提供的课件设计原则。

4. 目前，高校中常用的多媒体教学的基本模式有哪些？如何在教学中选择恰当的模式并实施有效教学？

第五章　网 络 教 学

【学习目标】

- 掌握 Sakai 等网络教学平台的基本功能，并能够在教学中灵活应用。
- 了解社会性软件的基本特征，掌握 blog 和 wiki 的基本功能。
- 掌握 MOOC 的基本概念和特征，了解其对当前高等教育的影响。
- 掌握网络教学手段，能结合具体的教学实践条件，开展网络教学活动。

【知识导图】

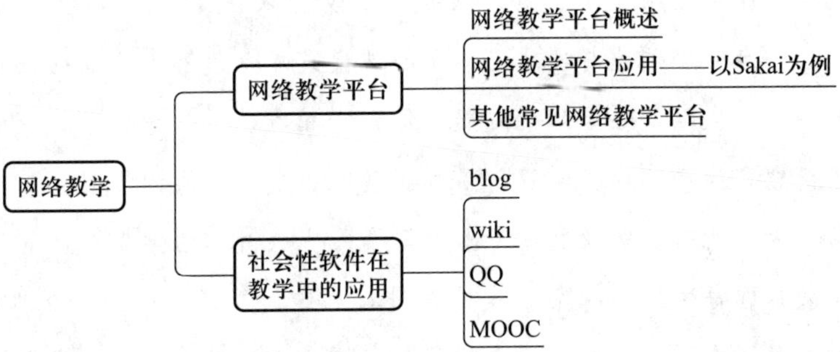

【核心术语】

网络教学　Sakai　社会性软件　MOOC

【应用工具】

Sakai　blog　wiki　QQ

【问题情境】

如今网络已成为高校学生生活中越来越不可或缺的一部分。大家在碰到问题时，首先会想到向网络上的百科式检索工具寻求帮助；想利用课余时间进行兴趣学习，第一时间也是在网络中借助 MOOC 等进行学习。高校愈加发现网络在教学中的重要应用，正逐步将网络教学与传统教学相结合。

安徽工业大学计算机科学与技术学院的程泽凯教授作为首批省级 MOOC 课程“C 语言程序设计”的主讲人之一，采用新颖的教学设计和多元化教学手段，配合精心制作的慕课视频和课件，将课堂与慕课巧妙“嫁接”。程教授课前布置学生基于慕课视频进行线上预习，课上从视频内容的知识点入手，以解决实际问题为例，层层递进、深入浅出地剖析相关知识点，学生在课堂上围绕所学知识点展开热烈的讨论，并在电脑上当场完成编程操作环节。程教授介绍，“大家在上课前通过线上慕课视频进行预习，我在课堂上会进一步结合案例讲解，大家在课堂上在一起讨论重点、难点。这种混合式教学方式将学生作为课堂主体，让学生眼、手、口、脑齐用，改变以往课堂‘大水漫灌’的教学模式，进一步升华理论与实践一体化教学模式，有效解决了以往课堂上学生主动性不够、师生互动性不足的难题，做到‘精准滴灌’”①。

武汉商贸职业学院商务学院为了加强教师和学生之间的沟通，要求该学院所有教师、大一所有班级及相关专业开博客，班级博客由学生自己管理，学院要求每位教师在每堂课结束后，发博客进行总结，同时公布下周的学习重点，在重要的实践考查课必须配上课堂的照片，以学生的表现为主，班级博客则以学生的日常点滴为主。该院院长刘丹表示，学院开博客，教师和学生可以进行很好的互动，同时学院通过教师的总结和学生的评论以及班级博客发布的一些相关信息，也可以及时掌握学生对教师、课程的意见和建议，学生喜欢哪门科目的教师也能一目了然，这也是对教师的一个全面评估。不少学生纷纷表示这

① 安徽工业大学：党员教学示范课教师学生齐“抢座”. 人民网-中国共产党新闻网.

样的博客很受用。①

许多高校都禁止学生使用 wiki 上的内容，因为其不具有权威性，而加拿大英属哥伦比亚大学的教授 Jon Beasley-Murray 却将 wiki 作为自己的教学工具。他认为："绝大多数维基百科的文章并不十分完善"，该网站需要在学术上进行健全。他让其学生在 wiki 上编辑项目，被接纳为"精选文章"将可以得到 A+的成绩。据悉他的九名学生所创建的三个项目曾达到维基百科评分榜的榜首。他们的文章也有部分被维基百科评为"精选文章"。学生工作了 4 个月之久，修改次数达到了 1000 次，并沉迷其中。Jon Beasley-Murray 认为，对学生来说，这将是一个伟大的学习体验。

以上例子都让我们看到了网络在教学中应用的有效性。本章将主要介绍网络在教学方面的功能实现，包括网络教学平台应用、社会性软件的教学应用以及大规模在线开放课程，来掌握网络教学手段，以帮助高校教师结合具体教学实践条件，开展网络教学活动。

第一节 网络教学平台

一、网络教学平台概述

20 世纪 90 年代中期，为满足网络教学的发展需要，一些教育机构和商业机构开始开发专门的网络教学平台。网络教学平台大体经历了四个发展阶段：②

第一阶段：学习资源库，也称为内容管理系统（Content Management System, CMS）。在网络技术发展初期，一些大学、公司和培训机构开始有

① 武汉一高校教学出奇招：老师开博客"反省"教学. 网易新闻.

② 曲宏毅，韩锡斌，张明，等. 网络教学平台的研究进展[J]. 中国远程教育，2006(5)：55-59.

意识地开发专门的网络资源库，用于存储和管理教学资源，从而减少开支，使学生可以自主地学习，也丰富了知识的传播途径。但其功能仅限于资源管理，资源格式与管理技术不统一，难以广泛共享。

第二阶段：学习管理系统（Learning Management System，LMS）。学习管理系统源于培训自动化系统，具有用户注册管理、课件目录管理、学生信息和行为数据记录等功能，但一般不具备教学内容制作的功能。

第三阶段：学习内容管理系统（Learning Content Management System，LCMS）。学习内容管理系统是最初为高等教育开发的传统课件管理系统的发展版，旨在帮助没有技术经验的教师或资源专家设计、创建、发布和管理网络课件。同时，学习内容管理系统能够对用户进行管理，可以跟踪学生的学习进度并及时调整以适合学生的学习需要。学习内容管理系统使学习内容的共享和教学系统的交互成为可能。

第四阶段：通用网络教学平台（General Web－based Instruction Platforms）。通用网络教学平台在既有教学系统的基础上，从对教学过程（课件的制作与发布、教学组织、教学交互、学习支持和教学评价）的全面支持，到教学的管理（用户与课程的管理），再到与网络教学资源库及其管理系统的整合，集成了网络教学需要的主要子系统，形成了一个相对完整的网络教学支撑环境。

网络教学平台能为参与其中的师生提供教与学的服务，有效降低师生介入网络教学的难度，同时还提供对教与学过程及教学资源的设计、开发、应用、共享、管理、评价及标准化等功能。其指导思想是利用统一的标准将网络教学中各门课程中不同粒度的资源及其元数据封装起来，形成统一格式、可共享、可交换、便于管理的教学资源，构建集成化的开放性平台，最终为高质量和高效益的网络教学环节给予牢固的支撑。①

---

① 吴伟敏. 网络教学平台的定位与实现策略［J］. 远程教育杂志，2003(4)：18-19.

二、网络教学平台应用——以Sakai平台为例

（一）Sakai平台简介

Sakai是由美国印第安纳大学、密西根大学、斯坦福大学、麻省理工学院和加州大学伯克利分校于2004年发起的一项开放源代码的课程管理系统开发计划。Sakai项目的目标是构建出一套通用的课程管理系统来替代当前各高校正在使用的商业课程管理系统，它是一个既支持全部在线又支持部分在线的学习环境。

众所周知，教师授课会根据课程和学生的特点使用各种不同的教学方法，Sakai满足了教师的需要，使用过Sakai的教师和学生都认为Sakai具有很高的可定制特性。由于Sakai的体系结构是标准组件化的，所以教师能选择他们想在自己课程中使用的教学工具，并且Sakai的源代码是开源的，可以自由获取，并根据自己学校的需要自由地改变和增加功能。

在Sakai平台上，面向教师的功能主要包括资源管理、课程管理、学生管理、教学活动管理、站点管理等。

具体的功能主要包括：（1）支持pdf、jpg、swf等格式文件的上传和播放；（2）支持发布教学大纲和课程内容；（3）支持在线自测，包括客观题（选择题、填空题、匹配题等题型）和主观题（简答题、论文、计算题、证明题等题型）；（4）支持教师发布作业，支持学生提交作业；（5）支持发布通知、教学日程；（6）支持在线讨论、答疑；等等。

（二）Sakai平台操作指南

1. 新建课程流程

1）如图5-1所示，登录系统后，点击“我的工作空间”，再点击左侧导航栏中的“站点设置”，再点击“新建”，点击“course站点”前的圆圈，按“继续”按钮便可进入课程开设的界面。

2）填写完所要开设的课程的名称、简短说明等必要信息后，进入选择

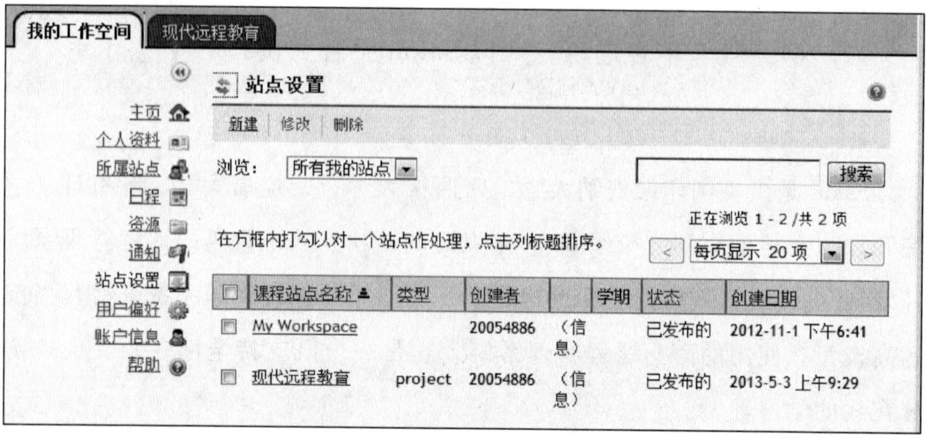

图 5-1 我的工作空间

工具的界面。如图 5-2 所示。

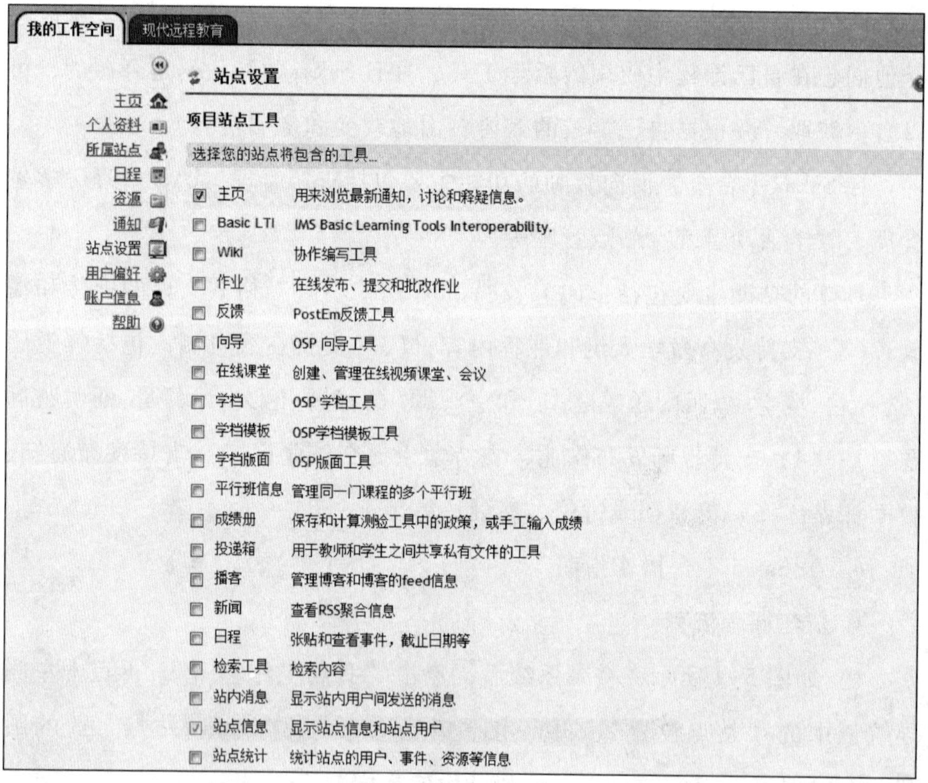

图 5-2 站点工具

3）点击“继续”，在“访问项目站点”点击“继续”，在接下来的网页中点击“创建站点”即完成课程创建。

2. 将学生名单导入课程

1）教师进入到某一门课程界面后，点击左侧导航栏中的“站点信息”，进入如图 5-3 所示的界面，然后点击“添加参与者”链接。

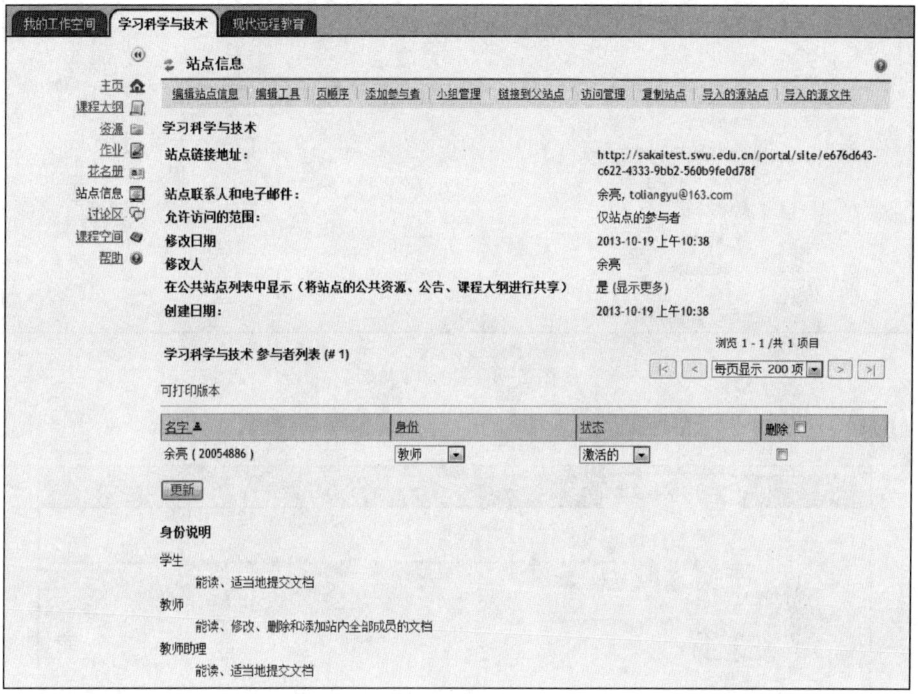

图 5-3 站点信息的界面

2）将学生学号填入对应的栏目中，如图 5-4 所示，多个学号之间用回车分隔。

3）点击“继续”按钮，完成添加学生名单操作。

3. 编写课程大纲

点击左侧导航栏中的“课程大纲”，进入如图 5-5 所示的界面，然后点击页面中的“创建/编辑”，在打开的页面中点击“添加”即可进入课程大纲输入界面。输入“标题”和“内容”（也可以从其他文档中复制粘贴

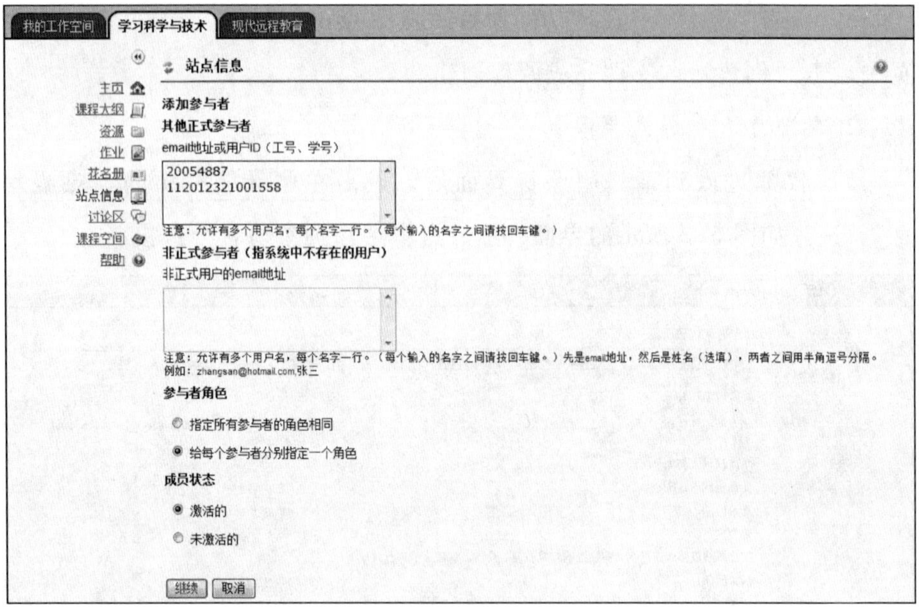

图 5-4　添加参与者

过来)，点击“发布”即可。

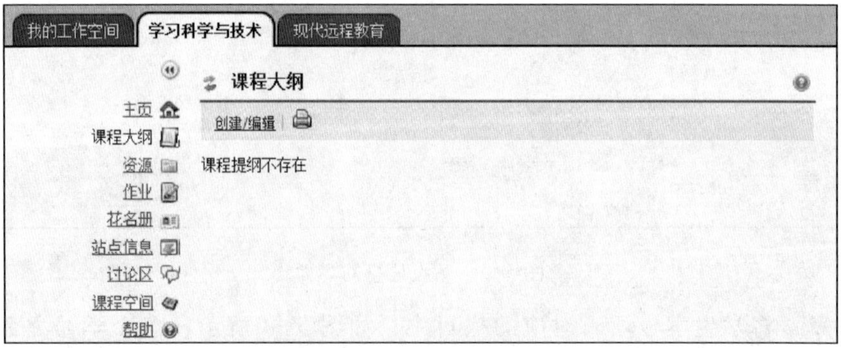

图 5-5　课程大纲

4. 设置课程空间

课程空间是该课程内容组织的主要界面，一般是按章节顺序来编排课程的教学内容。样例如图 5-6 所示。

课程空间的使用方法如下：

(1) 创建章节

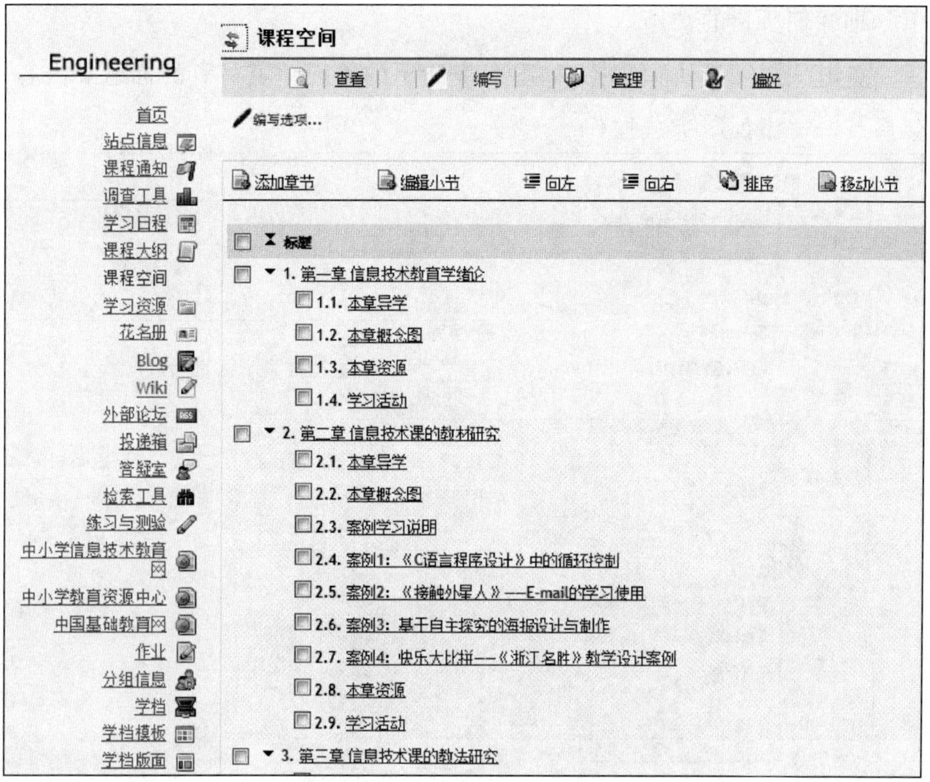

图 5-6　课程样例

点击左侧导航栏中的“课程空间”，出现如图 5-7 所示的界面。

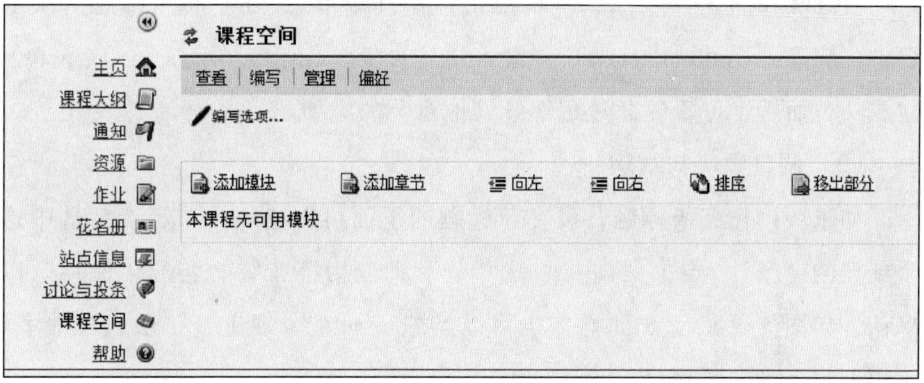

图 5-7　课程空间

注意：在 Sakai 平台中，“模块”即我们通常所说的“章”；而“章节”即我们所指的“节”。

点击“添加模块”，进入如图 5-8 所示的界面，填写章的标题等内容，然后点击“添加”完成操作。

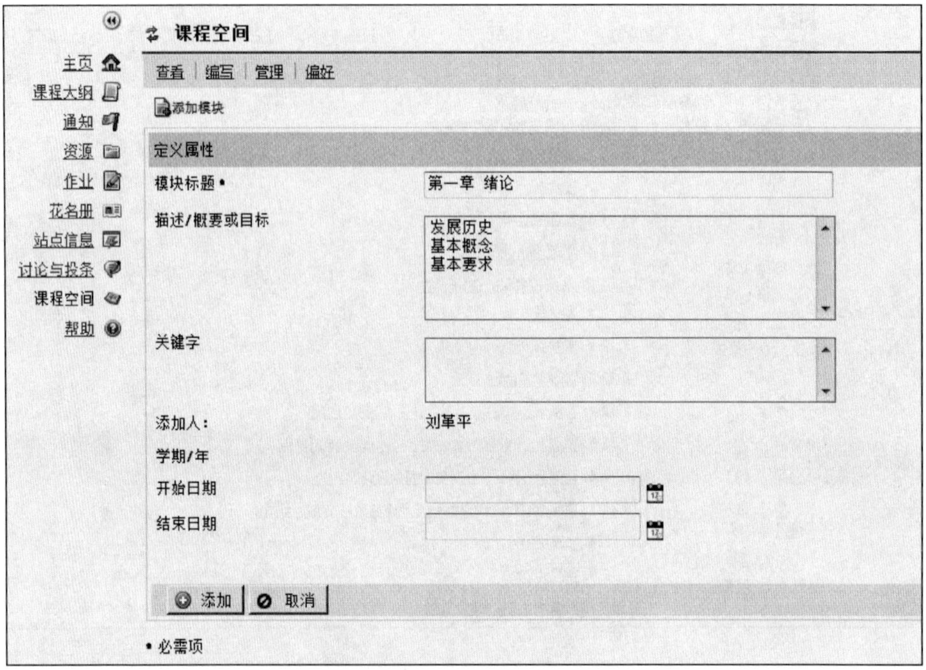

图 5-8　添加章节

再继续在图 5-7 所示的界面点击“添加章节”，在“章节标题”文本框中，删除“Untitled section”，输入章节的名称，点击“完成”，该章节创建成功。而后，可重复此过程继续其他章节的添加。

（2）调整顺序与结构

如果要创建三级标题，可在节标题的下面再创建一个节，然后选中这个新建的“节”，点击“向右”该“节”即变为第三级。点击“保存”以确认。如图 5-9 所示。此操作也可以实施“向左”即上升一级；“排序”可以调整呈现的顺序。

（3）添加显示内容

课程的顺序与结构安排好后，即可设置各节、各小节的显示内容了。点击

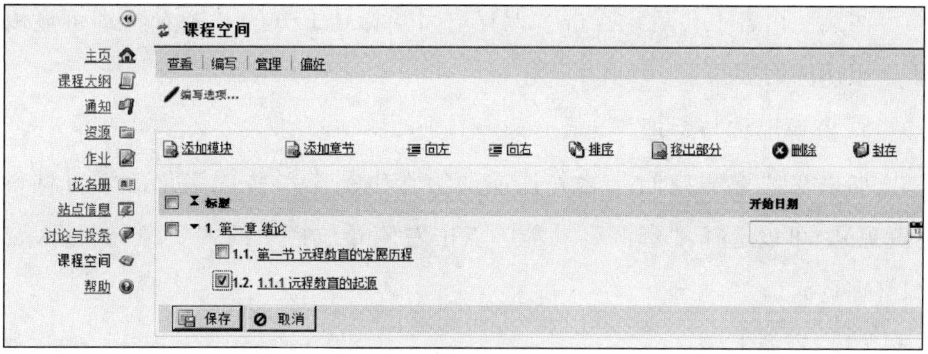

图 5-9　标题级别

课程空间前的双箭头图标，可返回“课程空间”主页。点击拟设置内容的节或小节标题，即可打开该节内容页面，如图 5-10 所示。先选择“内容类型”三个选项之一。教师可通过直接在编辑器中输入、拷贝或粘贴等方式实现内容的添加，也可以通过上传或链接到文件、链接到新 URL 来实现内容的添加。

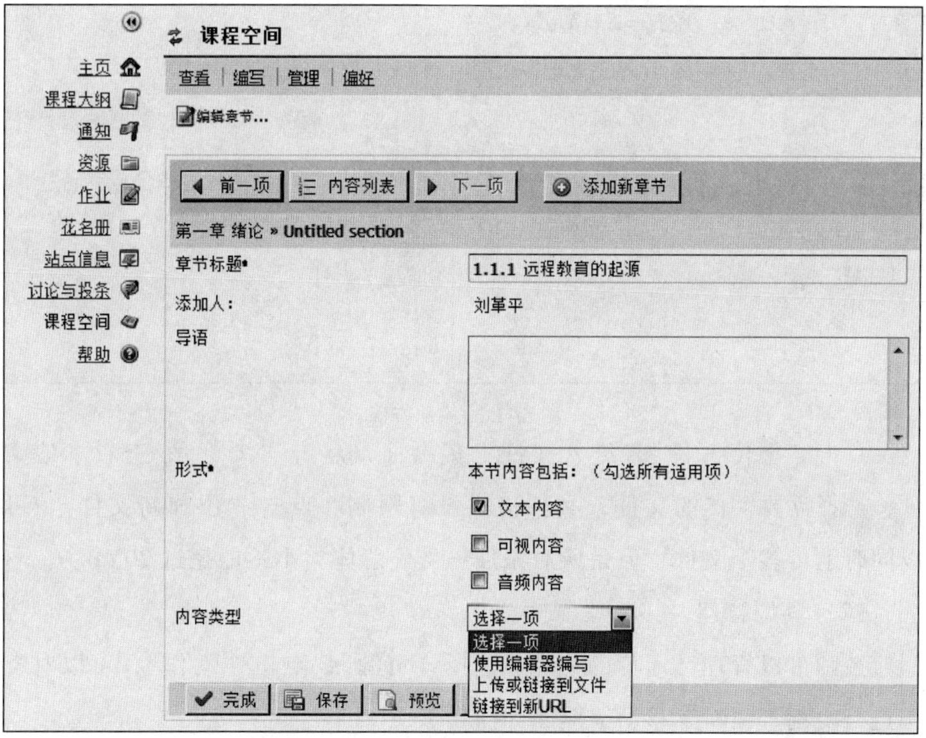

图 5-10　添加内容

注意：内容上传后，点击“课程空间”标题下方的“查看”即可显示出学生访问的效果。

5. 资源上传与管理

如果在“课程空间”之外还需要给学生补充一些数字化的学习材料(资源)，可以选择“资源”功能。点击左侧导航栏中的“资源”，进入资源管理页面。

（1）资源上传

点击“添加”，可以在该文件夹下上传文件、创建文件夹、添加网址、创建 HTML 网页、创建文本文档等功能。如图 5-11 所示。

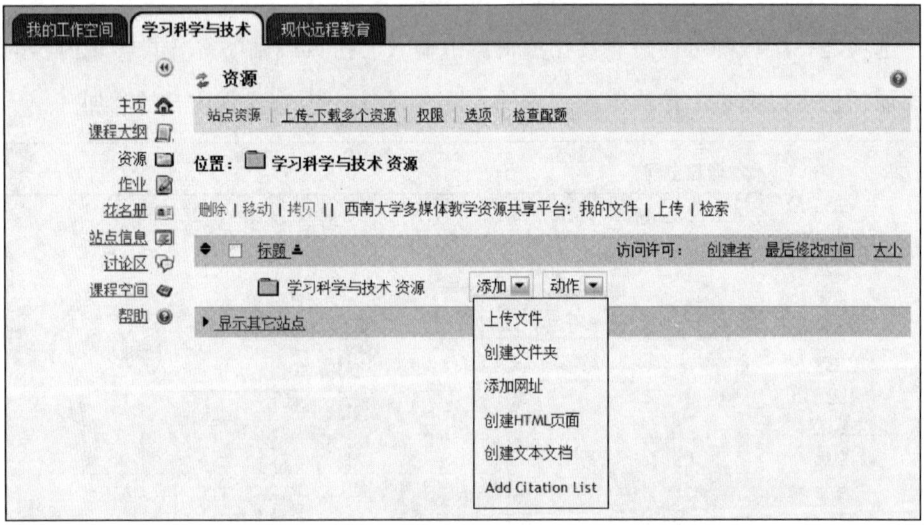

图 5-11　添加资源

点击“上传文件”，进入文件上传页面，点击“浏览”，查看本地文件，选择需要上传的文件，文件格式没有限制。点击“添加新文件”，可以同时上传多个文件，但是所有添加的文件总体大小不能超过 20MB。

（2）资源管理

教师可以管理已上传的文件。选择“资源”，点击“动作”，可以对资源进行复制、编辑、移动、删除等操作。

6. 讨论与投条

讨论与投条功能是为实现教师与学生之间的互动和交流而设计的。讨论是教师与全班学生(或某一小组学生)之间的交流，投条是教师与单个学生之间的交流。

在左侧导航栏中点击“讨论与投条”，进入如图 5-12 所示的界面。

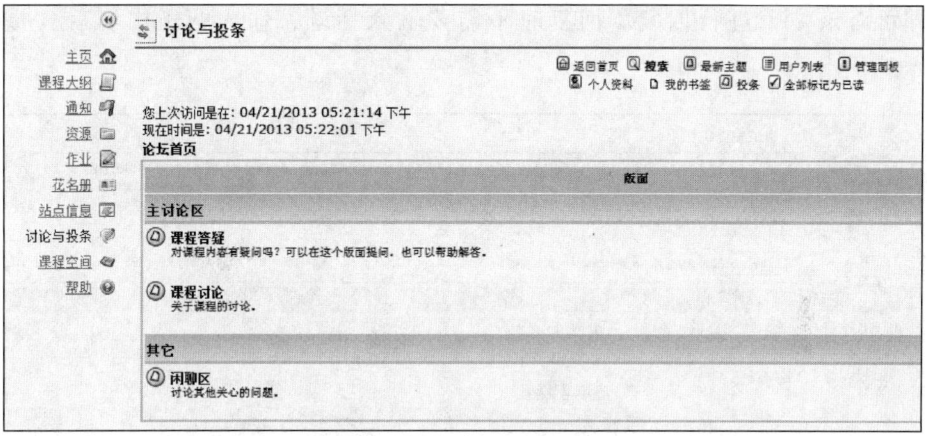

图 5-12　讨论与投条

“课程答疑”与“课程讨论”功能相似，“课程答疑”是教师回答学生的提问；而“课程讨论”多为学生发起问题讨论、学生间的自由讨论，也可以由教师发起某一主题的讨论，要求学生参与。

(1) 发表新帖

点击“课程答疑”，再点击“发表新帖”，进入如图 5-13 所示的页面。

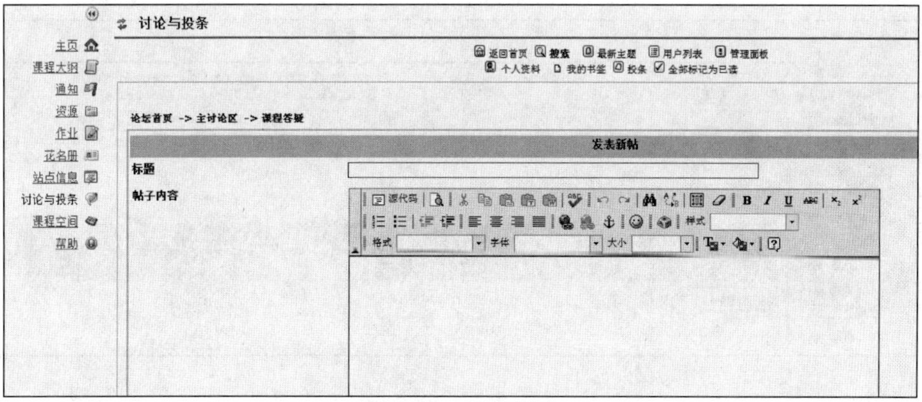

图 5-13　发表新帖

在“标题”后的文本框中输入要发表的新帖的名称，在“帖子内容”文本框中输入具体内容，点击“提交”即可发表。

（2）回复帖子

点击某个帖子，如下图 5-14 所示，在打开的页面上点“回复文章”即可对该帖子进行回复。回复时不需要输入标题，输入帖子内容后“提交”即可。

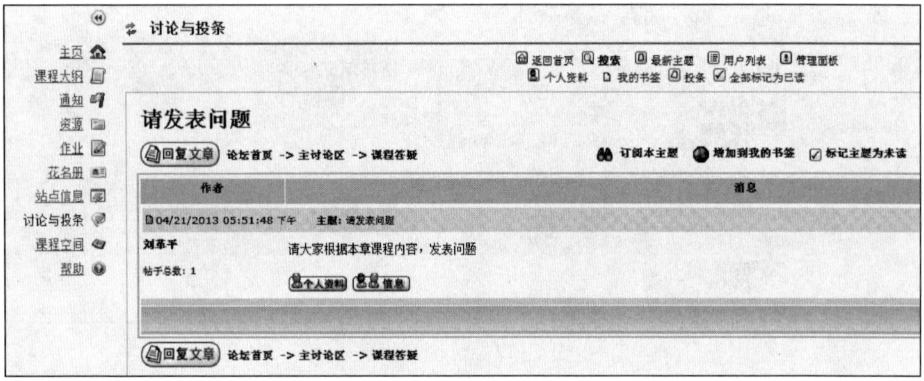

图 5-14　回复帖子

（3）投条

在“讨论与投条”主页的中部，点击“投条”，打开如图 5-15 的页面。

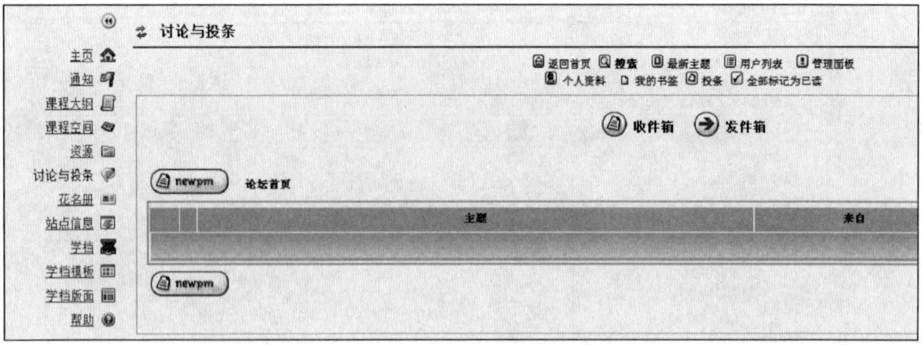

图 5-15　投条

点击“newpm”，在“发送到”的人员列表中选择要发送给的学生，再输入投条内容，点“提交”即可。

7. 作业管理

教师可以根据教学大纲的要求在平台上发布作业，学生登录平台查看作业、提交作业后，教师可以登录平台对学生的作业进行评分操作。如图 5-16 所示，点击左侧导航栏的“作业”，进入页面，可以查看所有作业、学生提交情况、评分报告等内容。点击“新作业”添加一个新的作业。

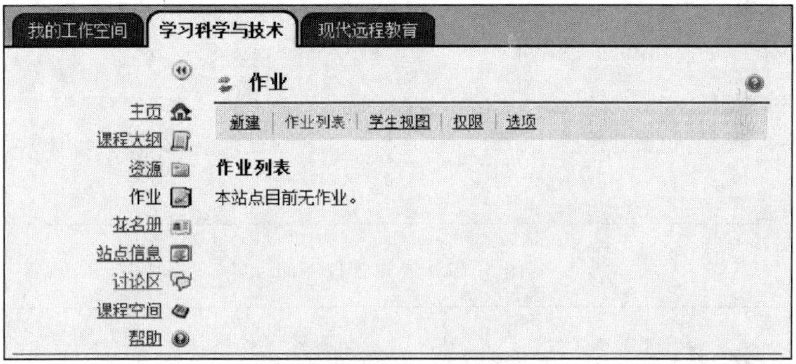

图 5-16 添加作业

通过填写作业名称、时间、提交方式、评分范围以及作业要求等完善作业的基本内容。并且教师可以选择是否在日程上显示作业开始和截止时间，选择是否需要发送邮件给教师反馈作业提交情况。教师点击“发布”按钮之后，学生在平台上就可以看见该作业。

8. 通知管理

教师可以管理通知，向学生发布相关的课程活动通知。选择“通知”，可以添加、修改、合并通知。如图 5-17 所示。

9. 站点管理

在左侧导航栏选择站点信息，则会进入站点信息界面。在站点管理界面中，横向导航栏包括编辑站点信息、编辑工具、小组管理、访问管理和复制站点等功能。如图 5-18 所示。

图 5-17　通知管理界面

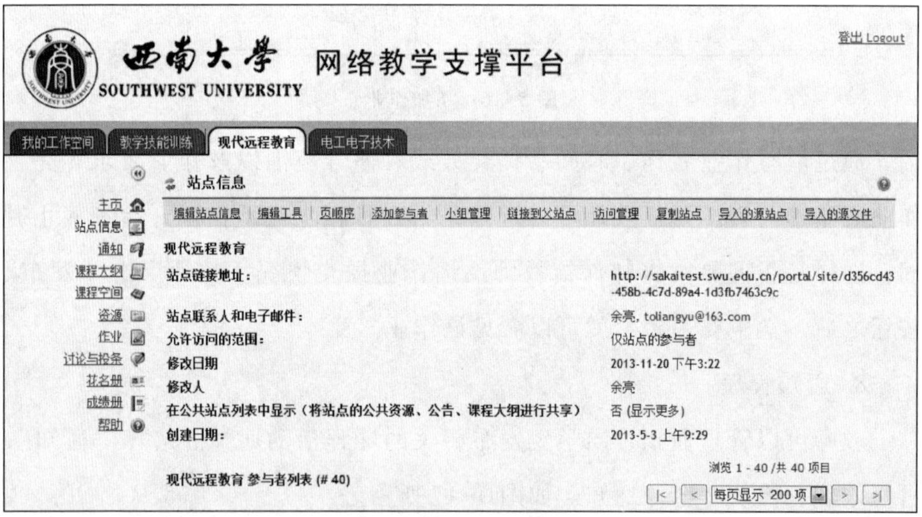

图 5-18　站点管理界面

点击“编辑站点信息”，可以修改站点(即课程)的名字，修改在主页显示的课程说明。

点击“编辑工具”，显示站点所有的工具，选中的则为站点已经使用的工具，在需要使用的工具前打勾或去掉勾，点击“继续”→“完成”，可以添加或删除工具。

三、其他常见网络教学平台

（一）Moodle 平台

Moodle 平台是澳大利亚教师马丁·多基马斯基于建构主义学习理论开发的开放源代码、免费的网络教学平台，Moodle 是 Modular Object-Oriented Dynamic Learning Environment 的简写，译为模块化面向对象的动态学习环境。Moodle 平台用于制作网络课程，采用模块化设计，配置简单，操作便捷，使用者可以根据需要调整界面，增加内容，也可以对课程进行分类和搜索，按需学习。Moodle 平台以课程开发和管理以及网络应用居多，教师培训和辅助教学次之。Moodle 平台的主要教学活动模块包括课程管理、测验作业、交互板块、资源板块和评价板块等。

（二）Blackboard 平台

Blackboard 网络教学平台最早由美国康奈尔大学计算机系的教师研发，1998 年通过公司并购成为 Blackboard 公司的主营业务。经过二十多年的发展，Blackboard 平台成为全球用户数最多的商业网络教学平台，具有四个核心模块：一是提供网络课程的传递和管理的学习系统；二是用于集中管理课程内容的内容管理系统；三是创建校园网络社区的社区系统；四是专门用于记录和分析学生评价结果的系统。

Blackboard 平台为开发者提供了扩展系统的功能，开发者可以通过开发组件来设计或者定制课程管理和数据共享。组件允许第三方开发人员利用 Blackboard 提供的开放的 API 和 Web Services 为用户定制或者扩展 Blackboard 的功能。2010 年 11 月，Blackboard 应用程序通过了全球学习联盟 IMS 对其行业标准适用性的鉴定，为教师和其他人员通过不同的系统分享教育内容和资源构筑了基础。2011 年，Blackboard 公司发布了一个学习和协作软件的免费版本——CourseSites，并且为其提供运营托管和技术支持。

（三）Drupal 平台

Drupal 平台是一个开源的内容管理平台，始于 Dries Buytaert 在 1999 年设计的一个社群讨论软件，目前已用于支持数百万的网站和应用程序。Drupal 平台和 Moodle 平台一样，支持遵循 GNU 通用公共许可协议。Drupal 平台并不是一个专门的在线教学平台，它可以用来搭建各种类型的站点，如个人博客、在线教学平台以及企业应用程序等，用户几乎可以使用 Drupal 平台搭建所能想到的任何站点。

Drupal 公司声明自己的使命是开发具有领先优势的开源内容管理系统，在社区发布、知识管理和软件设计等方面实现最新的思想和最佳的实践。它的价值观是要实现产品的灵活、简单和实用，社区的团队合作、创新和开放，以及代码的模块化、可扩展性和可维护性。它的设计原则有模块化、可扩展性、高质量的代码、基于行业标准、资源需求低、开源、易用和协作等。

第二节 社会性软件在教学中的应用

社会性软件是一种在使用过程中能够促进用户社会关系网络的建立与发展，促进集体协作行为和关系的形成与构建的互联网软件，将互联网应用模式从人机对话逐步转变为网络中的人人对话，是个性化和社会性的统一。近年来，社会性软件逐步应用于教育教学领域，为学习提供了一定的支持，与学习的发生和知识的转化相辅相成；延伸了学习空间，丰富了学习资源；能实现知识共享、激发知识创新，培养学习者的信息处理能力和协作能力；促进教育社会化、学习生活化。[①] 目前普及的社会性软件有 blog、wiki、QQ、微信、MOOC 等。

一、blog

（一）blog 简介

blog 是 web 和 log 的混成词，按照字面意思是“网络流水记录”，也称“网络日志”。写 blog 叫作 blogging，使用 blog 工具来撰写网络日志的人，被称为 blogger，方兴东将其译为“博客”。后来 blog 本身也被称为“博客”。blog 代表着新的生活方式和新的工作方式，更代表着新的学习方式。blog 已经广泛应用于教育教学，主要集中在以下六个方面。

1. 学生学习情况的电子档案

可以将 blog 构建成一种电子档案袋（E-portfolio）。这样的电子档案袋既可以作为一种学习工具，用于记录、收集学生学习过程中的进步与成果；也可以作为一种评价工具，用于促使学生的自我认识能力、自我判断能力、自我调控能力获得显著提高。

2. 教师职业训练

blog 可以作为教师职业培训的数字档案和学习记录。

3. 课堂教学的辅助管理

blog 可以作为教师发布与教学相关的通知、布置学生作业、评价学生的作业以及提供学习资源链接的在线门户。

4. 实现反思型学习

借助 blog 可以构建一个反思型学习环境，学生将自己学习过程中的经验与体会记录在 blog 中可以实现对自己学习的一种反思。

5. 知识管理

---

① 李燕临，郭西函，黄春梅. 解析社会性软件及其在远程教育中的应用[J]. 中国远程教育（综合版），2008(3)：68-70.

blog以时间为纵轴对知识进行纵向管理，以分类为横轴对知识进行横向管理。blog本身集成的搜索功能，非常适合教师及学生对日常积累的零散的显性知识加以分类并使之系统化，便于对知识的管理、搜索和分享。

6. 实施教育叙事研究

blog特别适合教师结合自己的工作撰写教育叙事研究故事。教师在日常教学中，对自己的工作进行反思、研究和记录成教育叙事研究报告，能够真实地、深入地反映教育研究的全过程和作者的思考。一方面为教学研究积累丰富的原始素材和案例，另一方面有力地促进教师自身的专业发展。

（二）blog操作指南

下面以中国教育人博客为例介绍blog日志的管理功能。

1. 发布博客

1）登录博客，进入自己的博客首页后，在导航条点击“日志”，进入日志页面，在导航条下出现“发表新日志”按钮。如图5-19所示。

图5-19　发表新日志1

2）点击“发表新日志”进入文章编辑状态，在标题处填入标题，在编辑框中输入文字。如图5-20所示。再点击“保存发布”，这样就可以发布一篇文章。

3）为了文章呈现得更好看，可以设置文字效果（包括字体、字号、加粗、倾斜、下划线、文字颜色），也可以插入图片、动画、音频或视频等完善文章。

4）编辑完博文后，可以发现编辑框下面还有一些属性设置选项（如图5-21所示），如果不设置也可以直接发布，但是建议都选一下，这样更利

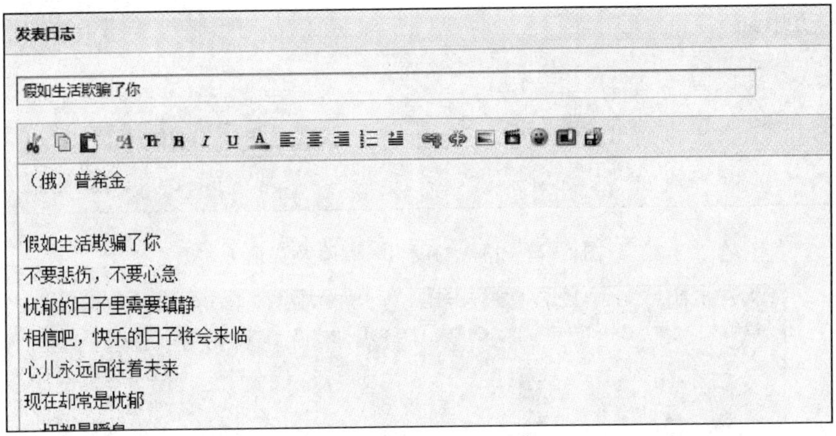

图 5-20　发表新日志 2

于博文的传播和推广。请选择一个合适的站点分类，再选择您的个人分类，系统会自动获取一些标签，如果不太合适，您可以改成文章中的关键词。还可以通过“隐私设置”设置其他人对文章的访问权限。

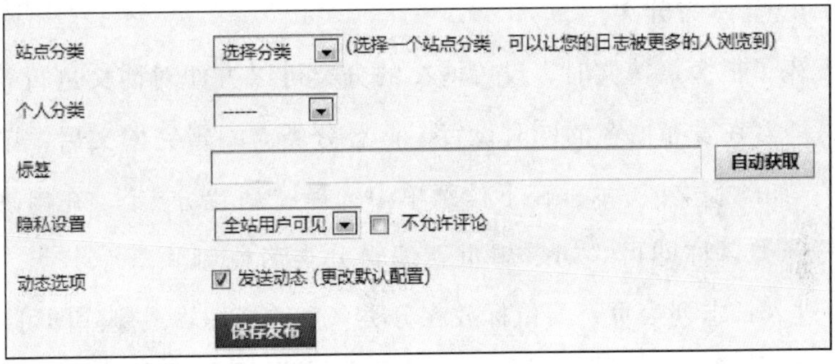

图 5-21　发布博客

2. 管理博文

（1）编辑、删除以及置顶博文

在个人空间主页点击导航条上的“日志”进入日志列表页，每篇文章下有直观的操作按钮，如图 5-22 所示，点击“编辑”进行修改，点击“删除”删除博文，点击“置顶”或“取消置顶”进行置顶操作。也可以点击文章标题打开某篇文章，在文章下方点击相应的操作按钮进行管理，如图 5-23 所示。

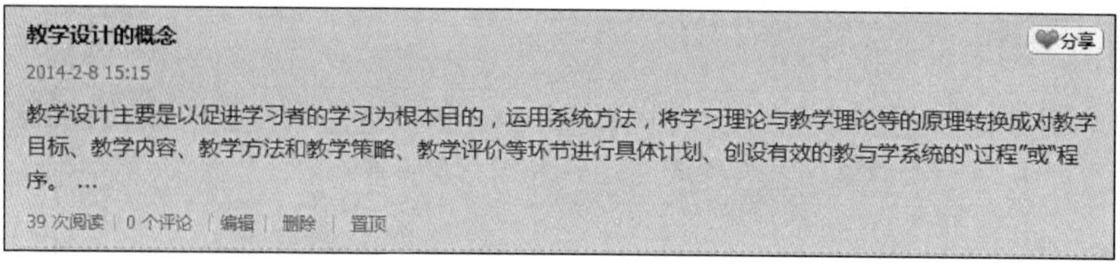

图 5-22　博文的编辑、删除及置顶 1

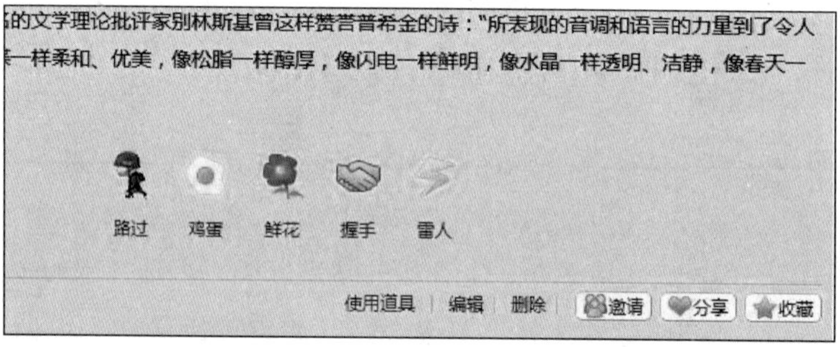

图 5-23　博文的编辑、删除及置顶 2

（2）设置博文分类

当发表了很多篇博文时，设置博文的分类可以方便对博文进行管理。中国教育人博客在发布博客的同时设置了博客分类。编辑完博文后，单击“个人分类”，如图 5-24 所示，在下拉菜单中选择“新建分类”，在出现的对话框中填写分类名称即可。如果想重新编辑分类名或删除某个分类，则点击“日志”进入日志列表页，将鼠标放在分类名上选择编辑或删除即可。

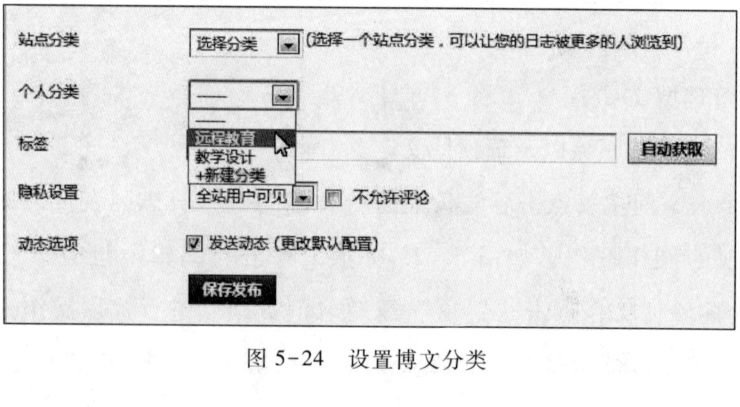

图 5-24　设置博文分类

3. 恢复草稿

当在编辑框中写了很长的文章，而因为各种各样的原因未能发布或不小心关掉了窗口，这个时候可以再点击“发布新日志”，打开一个空白的编辑框，然后点击编辑框的最后一个“恢复内容”按钮，之前的文章就会自动恢复。

图 5-25　点击装扮空间

4. 创建友情链接模块

在中国教育人博客中可以通过使用自由模块的方法来设置友情链接。其操作步骤如下：

1）在头像下方，如图 5-25 所示，点击“装扮空间”，可以进入空间装扮状态。

2）点击页面上方的“模块”，勾选任意“自由模块”，如图 5-26 所示，该模块就会添加在页面下方。

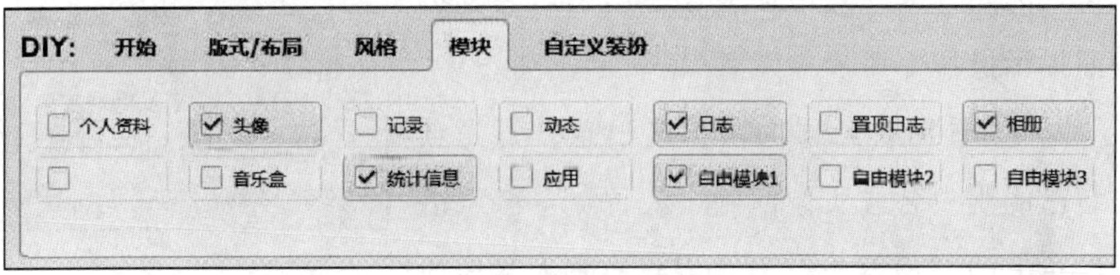

图 5-26　添加自由模块

3）将鼠标置于该模块上，就会出现一个编辑按钮，点击“编辑”。

4）再点击属性，会弹出一个编辑框，可以在模块名称中输入一个名字，我们想创建友情链接，那就改成“友情链接”，如图 5-27 所示。点击“添加链接”按钮，按提示输入链接地址和文字，点击“提交”，即可完成一个友情链接的创建。

5. 博客上的互动

中国教育人博客上的互动包括收听 TA、加为好友、发送消息、打个招呼和给我留言等，这些互动操作都很简单。

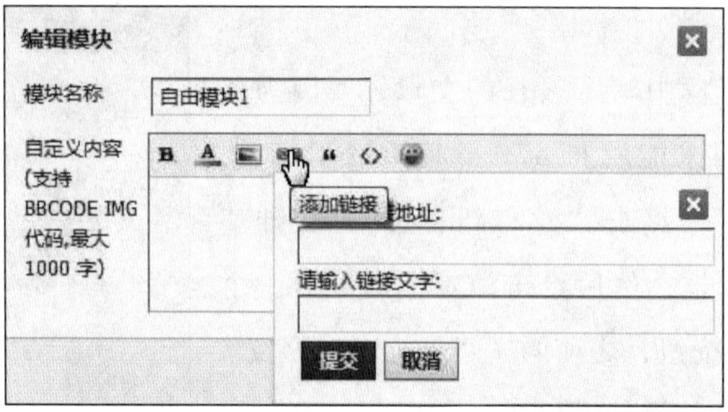

图 5-27　修改模块名称及超链接按钮

1）在浏览别人的博文时，发现引起共鸣，想跟作者打个招呼，那么就在他的头像下方，点击“打个招呼”，选择相应选项，发送即可。如果您想加他为好友，就点击“加个好友”，写上附言，方便他辨认您的身份以便通过加友验证。您也可以给他留言或发送消息。只要点击他头像下的用户名，再按照提示操作即可。如图 5-28 所示。

图 5-28　博客上的互动

2）查看别人给你的留言或消息，要先点击自己的用户名或头像回到个人首页，再点击导航条上的“留言板”就可以查看别人给你的留言。

二、wiki

（一）wiki 简介

wiki 即多人参与的协同写作。wiki 一词源于夏威夷语“wee kee wee kee”，即“快点快点”之意，中文译为“维基”或“维客”，其功能是能够让一个合作团队迅速构建一个网站，并通过积极参与，共同创作，不断积累、完善、分享和创造新知识。1996—2000 年间，围绕着 wiki“面向社群的协作式知识交流”这一理念，出现了许多类似的网站，如著名的维基百科 Wikipedia 以及 WikiQuote、WikiTravel、Iawiki 等。目前，wiki 在国外的许多领域，如教学、数字化学习、企业知识管理、医学等诸多领域都得到了广泛的应用。国内对 wiki 的关注是从维基百科开始的，2002 年 10 月中文维基百科开通；2005 年以来，国内出现了众多 wiki 站点。同时，对 wiki 在教育教学、科学研究、主题资源建设、专题学习网站建设等方面的应用也进行了研究和试验。

Brian Lamb 在 2004 年指出，wiki 有五个不同于其他社会性(或协作性)技术的特征：独特性、协作性、开放编辑、简易编码以及处于不断发展中。因而 wiki 的基本功能是做百科全书、知识库、整理某一个领域的知识，或几个分别在不同地区的人利用 wiki 协同工作共同写一本书，等等。目前，wiki 技术已经较好地用在百科全书、手册/常见问题解答编写、专题知识库等方面。wiki 面向公众，任何人都可以对 wiki 文本进行浏览、创建、更改，wiki 在支持社群协作式写作的同时，达到群体之间分享、交互、创造知识的目的。

（二）wiki 操作指南

下面基于 MediaWiki 技术平台提供的功能来介绍 wiki 的基本操作。

1. 编辑 wiki 页面

(1) 点击“编辑”

进入任何一个 wiki 页面，都可以找到类似的“编辑”按钮。注册并登录了 Media 的任何人都可以点击，打开页面，对页面内容进行添加、删除、修改等。如图 5-29 所示。

(2) 输入内容并保存

输入“try”或“[[try]] ”，表示建立一个新的 wiki 页面，如图 5-30 所示。

(3) 查看编辑效果

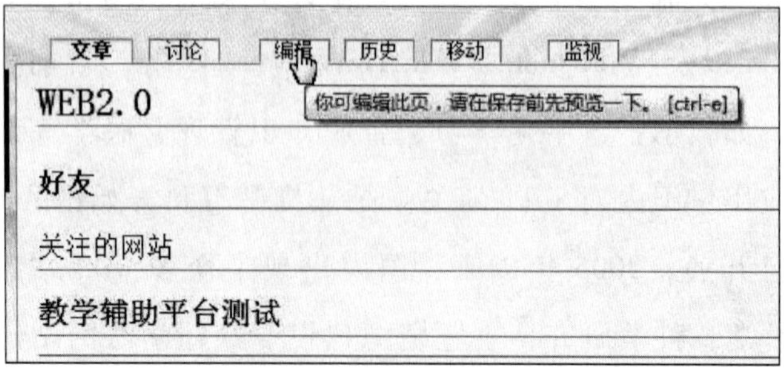

图 5-29　编辑 wiki 页面

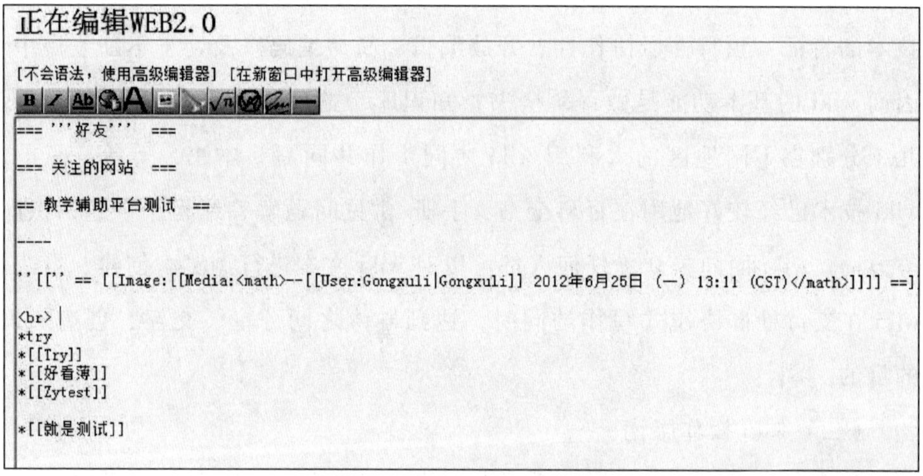

图 5-30　输入内容

编辑好的效果如图 5-31 所示，红色表示是一个新建的 wiki 页面，其中还没有输入内容。点击红色“Try”，可以进一步编辑一个新的 wiki 页面。

2. 创建 wiki 内部链接新页面

使用 wiki 标记语言“[[创建新页面]]”即可创建一个新页面，也可以通过高级编辑器来创建新页面，具体操作：点击工具栏中的“超链接”按钮，如图 5-32 所示，在弹出的对话框中输入新页面的名称“创建新页面”，如图 5-33 所示，这样就创建了一个名为“创建新页面”的新页面。

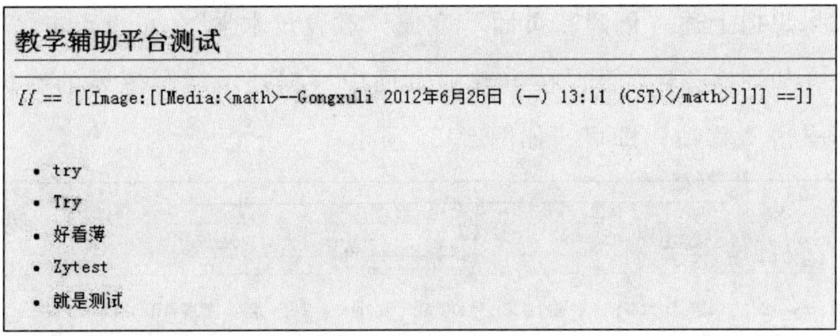

图 5-31 编辑好的效果

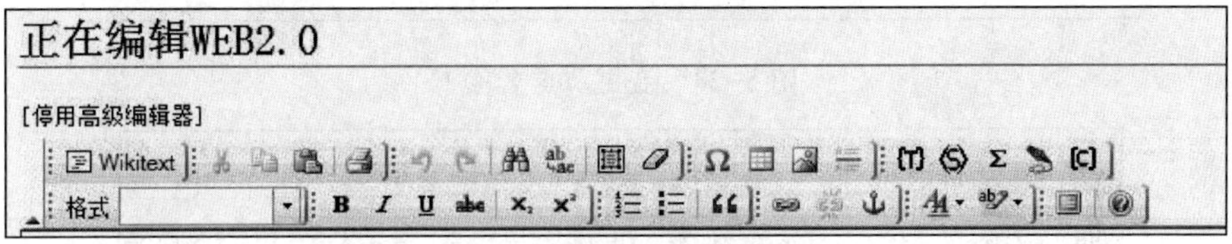

图 5-32 工具栏

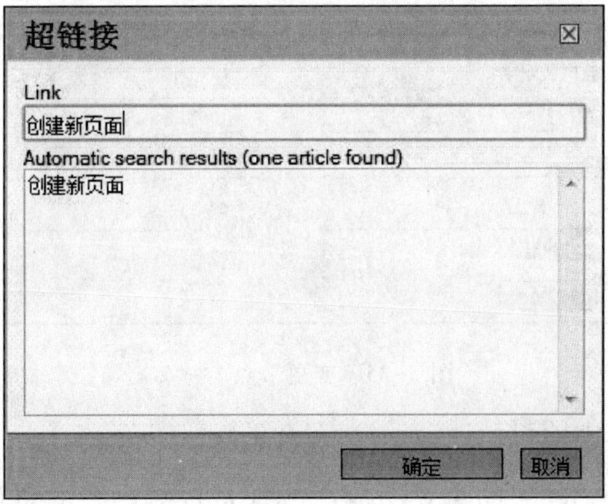

图 5-33 创建新页面

编辑新建 wiki 页面，只要输入内容就可以，输入完毕后保存。一旦在新建页面中输入内容之后，原先的红色链接，就变成了蓝色链接。点击蓝色“创建新页面”节点，就可以浏览查看“创建新页面”wiki 页面的内容。wiki 以这种方式建立链接页面，称为内部链接。

3. 变更节点名称

如果想把上述“创建新页面”变成“教育技术学”，可以点击“移动”来实现，如图 5-34 所示，在出现的页面中根据提示填写想要的新标题名称，再点击“移动”即可，如图 5-35 所示。

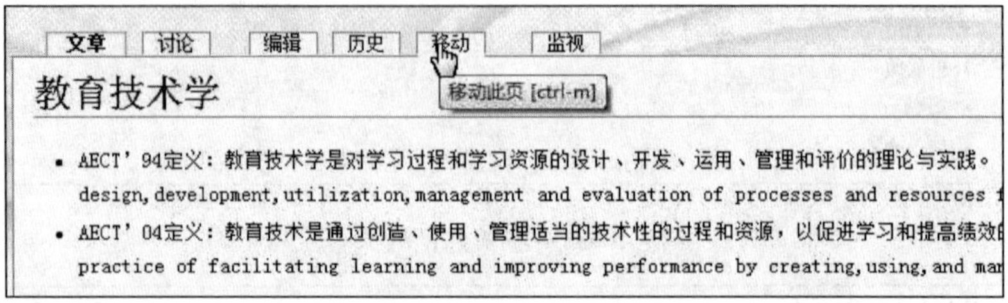

图 5-34 变更节点名称 1

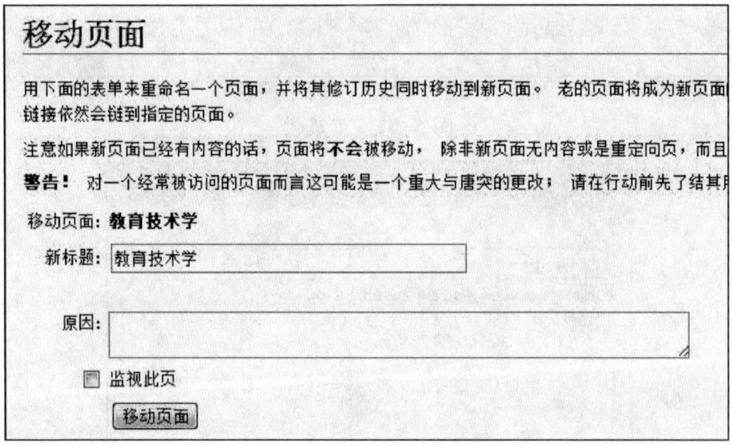

图 5-35 变更节点名称 2

4. wiki 编辑中的讨论

讨论功能是 wiki 中的重要功能。一种是针对内容的讨论，一种是用户之间的沟通会话。针对每一个 wiki 页面文章内容，不同编辑者都可以对之进行相应的“讨论”。

(1) 内容讨论

首先点击“讨论”进入讨论页面。进入讨论页面后，针对相应页面的任何问题都可以在这个页面提出，点击“编辑”按钮旁边的“+”按钮，如图 5-36 所示，再在标题空白框及内容空白框中输入讨论主题名称及内容，点击“保存”，就可以在该讨论页增加新的评论主题。

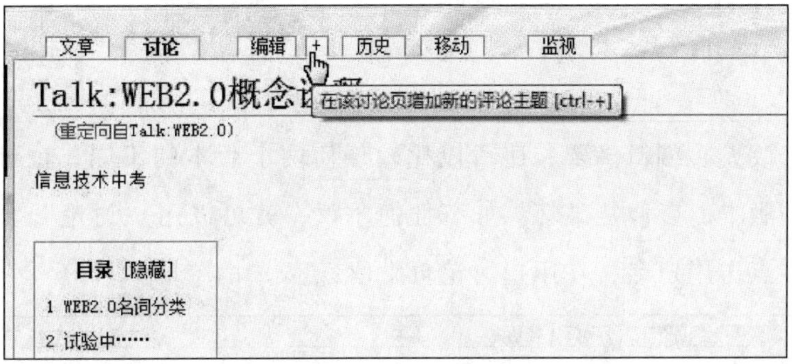

图 5-36　在讨论页增加新的评论主题

（2）用户会话

用户会话也是讨论。但是针对用户，是参与编辑用户之间的沟通交流。wiki 中的每一位注册用户，都有自己的用户页，在页面顶部点击自己的用户名即可进入自己的用户页，如图 5-37 所示。点击其他用户的用户名即可进入该用户的用户页面。

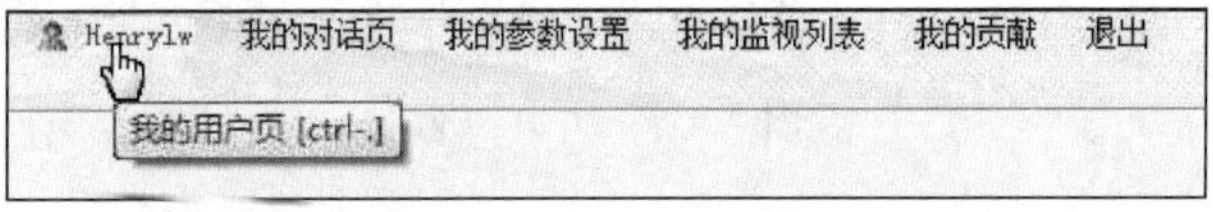

图 5-37　进入自己的用户页

如果我们在自己的用户页加上自我介绍，在任何讨论页中发言时，最后都加上“~~~~”，就会非常便捷地与其他用户之间联系交流。

5. wiki 的监视功能

可以把自己感兴趣的页面，通过“监视”按钮(如图 5-36 所示)加入“我的监视列表”来进行管理，如图 5-38 所示。一旦加入“我的监视列表”以后，将来有关这些页面及其讨论页的任何修改将会在“我的监视列表”中列出，而且还会在“最近更改”中以粗体形式列出以使其更容易识别。

6. wiki 的历史功能

“历史”功能(如图 5-39 所示)能够显示该页面的编辑记录，包括修改

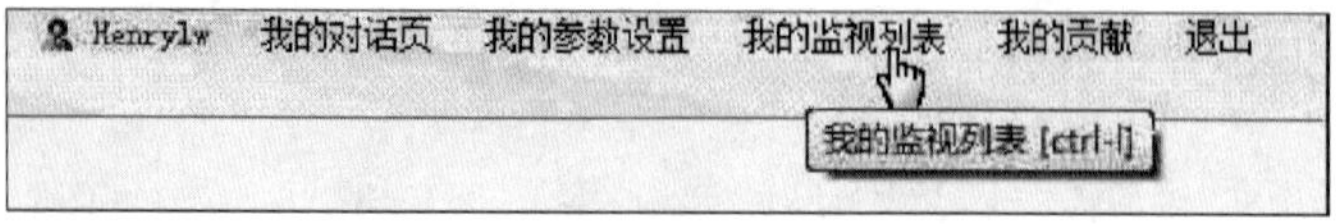

图 5-38　我的监视列表

时间、修改人、编辑摘要，还可以比较任何两个版本的不同，也可以退回到前面的版本，以修复破坏。如有任何争议，就可以用“讨论”页进行讨论，直接点击用户名，在用户讨论页中留言。

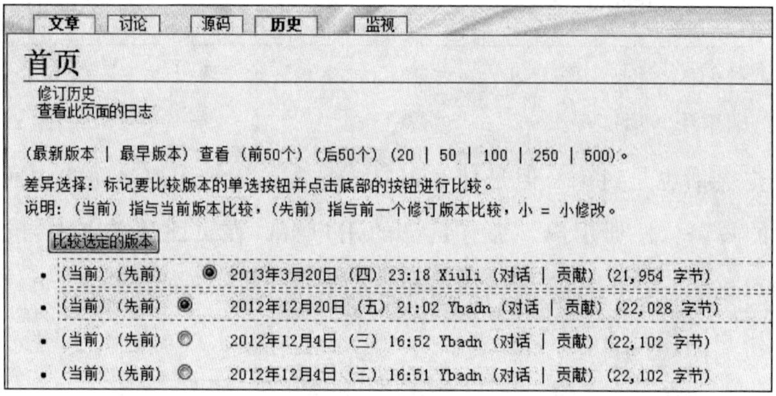

图 5-39　历史功能

三、QQ

QQ 是一款即时通信软件，它集文字、语音、视频、空间、邮箱等功能为一体，功能强大。作为第三方软件，QQ 具有低成本、即时交互性、共享性、超时空性等特点，界面简单易懂、操作方便。QQ 技术门槛低、使用成本低、用户基数大、使用频率高，对于辅助教学活动具有一定的普适性，这使得 QQ 在教学中的应用越来越广泛。现阶段 QQ 在教育教学中的应用主要有以下四个方面。

（一）教学资源的传输

利用 QQ 的文件传输功能，可以进行教学资源的传输。教师可以及时给学生传输学习资料，学生也可以通过文件传输来递交作业、分享资源。

（二）开展群体讨论

QQ 提供群讨论组功能，教师可以根据学习的内容创建群讨论组让学生参与，展开主题性讨论。这种讨论方式有利于学生畅所欲言，在讨论中完成知识的强化、分享和拓展。

（三）针对性交流

QQ 为师生提供了实时交流的平台，学生可以针对知识难点、疑问向教师发出请求，教师可以针对学生的个体特点和学习情况进行单独辅导。

（四）搭建远程教学支撑平台

利用文字、语言、视频，或开展远程协助，有效开展教学的各个环节，教师可以实时指导学生参与学习，克服文字交流的单一性。利用 QQ 空间，还可以建立学生个人电子档案，展示学生的自我学习情况。

正确认识 QQ 在教育教学中的应用，加强引导，最大限度地发挥即时通信软件的正面作用，使学生能够积极主动、独立自主地参与到学习中，也能帮助学生管理工作的开展，更好地辅助传统教学。

四、MOOC

MOOC 即大规模在线开放课程，是对在互联网上运营免费开放课程资源和教学过程行为的统称。MOOC 通过网络向全世界输送优质的教育资源和完整的在线学习体验，是学习方式的突破性创新。数以万计的学习者能够参与到 MOOC 的学习中，按照自己的知识水平、学习风格、学习进度等个性化的进行学习和评价。目前，各国教育机构都纷纷加入到 MOOC 行列中，涌现了 Coursera、Udacity、edX 等优质的公开课网站。我国各大高校也陆续推出了学校自己的 MOOC。

（一）MOOC 的特征

MOOC 具有两个一般性特征：一是开放式获取，任何人都可以免费参与网络课程学习；二是规模可伸缩性，课程是为无限数量的学习参与者设计，具有显著的大规模性。大规模不仅是指参与课程学习的学生规模较大，而且表示课程活动的覆盖面广。美国高等教育记事在对开展 MOOC 的 103 名教授的调查中显示，每门课程平均有 33000 个来自全国各地的学生注册，相当于传统课程授课人数的几百倍。

（二）MOOC 的分类

1. cMOOC

cMOOC 是建立在关联主义的理论基础之上的，即知识是网络化连接的。cMOOC 是一种学生基于同一话题在社交化网络中通过讨论、交流建立知识节点，最终在知识网络中形成多群体学习路径的生成式课程。每个学习者在活动探究中都可以对知识进行个性化建构。学习者在开放和个性化的学习环境中根据自己的习惯和偏好使用多种工具和平台，课程不局限于特定平台。在这种课程模式中，教师提供的资源成为知识探究的出发点，学习者在学习过程中产生的内容成为学习和互动的中心。

cMOOC 具有以下几个特征：基于社交网络媒体的互动式学习、非结构化的课程内容、注重学习通道的建立、学习者高度自治和学习具有自发性等。

2. xMOOC

如果说 cMOOC 是对传统高等教育的超越和创新，那么基于行为主义理论的 xMOOC 则是在现有高等教育体制内，对传统教学模式的延伸性突破，如 Coursera 和 Edx。相比 cMOOC 来说，xMOOC 的结构化的课程体系和系统化的平台支持服务更容易被学习者所接受，并与以学位教育为主的主流正规高等教育课程接轨。

xMOOC 具有不同于传统课程教学和传统网络教学的特征：

（1）完整的课程结构

与传统的网络课程相比，xMOOC 除了提供视频资源、文本材料和在线答疑外，还为学习者提供各种用户交互性社区，注重对学生的学习支持服务，关注学生的学习体验。完成课程的学生还可获得证书，选择学校指定的特定课程的学生还可获得学分。

（2）重视学习路径导航

在课程开始前，授课教师以邮件的方式告知课程开始时间和相应的学习准备，并发布在平台公告上。课程材料发布以周为单位向前推进，学习资源以学习过程的纵向需求进行分布，学习者很容易找到本单元学习所需要的学习材料、测试内容、讨论主题等。

（3）及时的学习过程反馈

xMOOC 测试方式有两种，分别是基于视频的嵌入式测试和单元测试，测试题目大多数以客观题为主。xMOOC 利用智能测评的方式及时反馈测评结果，学生可以及时地了解自己的学习成果。教师根据学生的测试结果分析学生的掌握程度并给予个性化的学习反馈和学习资源推荐。

（4）授课团队的无私投入

一门 MOOC 为了吸引来自世界各地的学生参与到课程的学习当中来，并满足个性化学习需求的学习者，需要课程设计团队在前期投入大量的时间和精力。在课程运行过程中，课程设计团队要根据学生的学习数据分析和反馈，对课程设计进行螺旋式的动态调整。一门精心设计的 MOOC 需要团队化运作方式才能满足学生的学习需求。

（三）MOOC 在中国的发展

早期的大多数研究者认为 MOOC 是为任何人尤其是为教育欠发达地区的人们提供接受高等教育的机会。2013 年，MOOC 的学习者虽然分布广泛、学生类型多样，却主要是以英语为母语的学生居多。

2013 年 4 月香港科技大学通过 Coursera 在亚洲开设了第一门 MOOC，共有 17000 位学生注册学习；同年 5 月，清华大学、北京大学加盟 edX，成为 edX 首批亚洲成员高校；同年 7 月，复旦大学、上海交通大学加盟 Coursera，北京大学又加入 Coursera 计划并发布了 7 门课程。清华大学基于 edX 开放的源代码研发出中文环境的 MOOC 平台——学堂在线，并于 2013

年10月正式上线。同时，国内涌现出越来越多的本土MOOC平台，如中国大学MOOC、网易云课堂和超星泛雅等。

（四）MOOC对高等教育的影响

华南师范大学焦建利教授认为，MOOC对高等教育会产生三个方面的影响。

1. MOOC将挑战高等学校的办学体制

起初，MOOC平台不提供证书，慢慢地转变为提供证书。MOOC平台Coursera采取了配合社会规则的策略——学习者只要支付30~100美元，就可以获得知名大学的线上课程的认证。不仅如此，在美国，不少高等学校开始认可学生在MOOC上修得的学分。传统的高等教育开始面临全新的挑战，MOOC必将对高等学校的课程设计与开发、教学组织、学分认证、师资队伍建设等诸多方面产生重要而深远的影响。

2. MOOC已经开始对高等学校的教学模式产生影响

对于传统的高等学校而言，在今天面临的重大挑战之一，就是如何利用信息技术，为学生提供更加灵活多样、高效的课程与学习机会，解决教育机会和教育资源的均衡问题。在美国，越来越多的高等学校在传统的面对面课程的基础上，为学生提供在线课程，学生可以选择在校学习或在线学习。通过在线学习方式，高等学校的课堂将变得更加侧重于师生互动和问题解决，而不仅是知识的传授。

3. MOOC对高等教育的信息化、国际化、民主化都将产生重要而深远的影响

借助网络，向学习者提供在线课程，扩大学习者接受高等教育的机会，深化高等学校的课程与教学改革，提升人才培养的质量，这是高等学校当前面临的重要课题。MOOC是在线课程，它不仅能够扩大高等学校的知名度，提升高等学校的社会影响力，而且还能使其他高等学校“草船借箭”，优化自己的师资结构。所谓国际化，很重要的指标是教师队伍的国际化和

生源的国际化。对于高等学校而言，如果想提升其学生市场占有率，扩大影响，向公众提供 MOOC，不失为一种有效的途径。借助网络占领高等教育市场，也是每一所世界一流大学的重要战略举措。

（五）大规模网络开放课程案例 ①

1. Udacity

Udacity 是由斯坦福大学于 2012 年创办，旨在重塑 21 世纪的教育，给各阶层想学、乐学的人带来易获取、低廉的、高度参与的教育资源。在教师选择上，Udacity 依据的并非是他们的学术研究能力，而是他们的教学水平。Udacity 课程一部分是由教师自行设计，一部分是由谷歌或者微软等公司共同设计。其特色在于，高度交互性、基于项目练习的“做中学”，基于微视频学习的寓教于乐，基于真实情境的学习，高度参与的学习社区。

2. Coursera

Coursera 创建于 2012 年，旨在与世界顶尖大学合作提供网络课程，为世界各地的学生提供免费的优质学习机会。Coursera 与高校的合作模式是在双方达成共识、签订协议的基础上，Coursera 提供技术开发和服务支持，各高校授课教师或团队开发和设计网络课程，共同为来自世界各地的学生提供学习服务和支持。Coursera 的课程组织形式主要是授课视频、在线测试和线上线下讨论等，充分体现以学生学习需求为中心的设计。

3. edX

edX 是由麻省理工学院和哈佛大学在 2012 年推出的非营利性教育网站，旨在以突出的教学设计为学生提供互动式在线学习。开展本项目的目的不仅是配合校内教学，提高教学质量，推广在线教育，而且通过学生学习过程数据的分析和研究技术在教学中的应用，可探索混合式教学模式的学习效果。edX 课程的形式主要由在线视频、网页嵌入式测试以及协作论坛

---

① 王颖，张金磊，张宝辉. 大规模网络开放课程（MOOC）典型项目特征分析及启示[J]. 远程教育杂志，2013(4)：67-75.

组成。edX 平台以交互式学习设计为特色，平台特征包括：自定步调的学习、在线讨论小组、基于 wiki 的协作学习、针对学生的学习进程及时评价、在线实验室和其他学习交互工具。此平台不仅可以作为收集和分析学生学习过程数据的实验室，而且旨在为学生创设一个世界范围内的学习共同体。

4. Open2Study

Open2Study 是由澳大利亚开放大学于 2013 年 4 月开始运行的在线教育平台。目的是为学习者提供免费的、高质量的、具有高度需求的课程。课程类目包括管理、广告、教育和护理等领域。Open2Study 的课程是由澳大利亚有影响力的教育机构和企业提供，授课老师主要是学者和热爱教学的领先行业的专业人士。每门课程持续 4 个星期，分成 4 个模块，每个模块涵盖了多个主题，每个主题是由一个简短的视频（通常是 5～10 分钟）和一个测试构成，学习者看完视频，即可通过测试检验学习者对主题的理解程度。当学习一个模块结束之后，会有一个总结性的评估。学习者完成每门课程的 3 个模块以上，就可以获得一个成就证书。Open2Study 除了通过证书进行学习激励外，学习者通过看视频、做测验、发帖、提建议等均可获得相应的徽章，以游戏化的手段激励学习者进一步学习。Open2Study 区别于其他 MOOC 平台的特色是社交化的学习环境，学习者不仅具有班级学习空间而且具有个人学习中心。在课程学习空间中，学习者可以与其他同学一起进行协作学习，在个人学习中心中，学习者可以了解自我学习情况，并可供其他学习者访问。另外，课程与社交网络直接连接，学习者和社交网络可进行双向的信息分享和信息推送。

实践运用

1. 简述 Sakai 应用于教学活动的优势与局限。
2. MOOC 与传统课程的差异体现在哪些方面？
3. 总结 MOOC 的优劣点并表达对其发展的看法。

第六章 移动学习

【学习目标】

➢ 能够结合专业实际，解释说明移动学习的特点，并从专业教学需要出发分析支持专业课程教学的移动学习支撑环境。

➢ 能够举例说明不同应用模式的移动技术对非正式学习和终身学习的支持。

【知识导图】

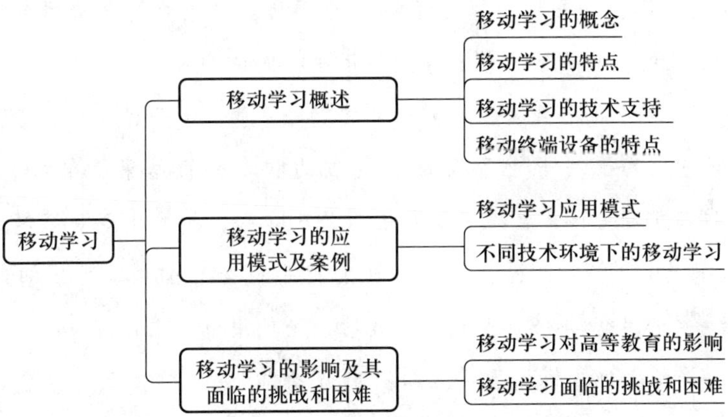

【核心术语】

移动学习　移动终端　移动学习应用模式　在线移动学习模式　终身学习

【问题情境】

大学课堂里爱玩手机的“低头族”，令不少教师头痛。但是下面这几个例子却可以让我们看到一些不同的景象。

浙江师范大学智慧教育学院副院长黄立新教授一直在探索利用平板电脑或大屏手机开展课堂教学。在他的指导下，学生在智能手机上安装了一个名为 Socrative 的课堂应答系统客户端，并通过客户端接收教师定向发送的教学问题，再将答案发送到指定网站。就这样，每个学生的应答状况第一时间就能呈现在与电脑相连的教室大屏幕上。“即时的课堂应答展示和分析让学生参与其中，学生和教师课堂互动的主动性自然提高了。”黄立新教授介绍，教师上课时若在移动终端安装一款名为 ExplainEverything 的电子白板交互教学软件，不仅可以不用固定站在同一个地方点播课件，还可以方便地展示学生完成的课堂作业、拍摄的解题和制作模型情况。

城市规划专业的胡梦翔老师就用手机让学生们“动”了起来。“学生用手机上网查资料，尤其是没有标准答案的问题，三五分钟查询后快速组织答案，参与课堂讨论、课堂发言。”此外，借助微信转发功能向学生推送最新的设计成果或专业文章也成了胡老师的教学辅助活动，“专业教学常用到图纸、案例，一些专业的微信内容也符合学生使用手机阅读的习惯。”

而在音乐学院的和声课上，只听刘健老师一声“1 分钟拍照，课后整理复习”，学生纷纷举起手机拍下黑板上详细的和声分析结果。在刘老师看来，“这门课的重点是要让学生集中精力注意分析过程，拍照比埋头记笔记节省时间而且效果好。”学生也说，课堂上还能把手机当音响用，可以随时播放音乐，查看学习视频。排练没有钢琴伴奏时，还能用节奏软件打节拍。

“学生课堂上玩手机让教学效果‘打了折扣’，但如果教师结合课程特点和教学内容，合理开发、有效利用，手机、平板电脑等移动终端也可以变成教师的教学工具和学生的学习平台。”

以上这些例子都让我们看到移动终端设备在教学中的应用，为此，本章将主要介绍移动学习的特点，开展与实施移动学习的支撑环境以及移动学习的不同应用模式，最后我们还将介绍移动学习当前所面临的一些困难和挑战。

第一节　移动学习概述

一、移动学习的概念

移动学习的研究始于美国加州大学伯克利分校的人机交互研究室2000年启动的名为“Mobile Education”的项目，该项目推出不久就由国际著名远程教育专家德斯蒙德·基更引入我国。他在上海电视大学40周年校庆召开的“新千年：教育技术与远程教育发展”中外专家学者报告会上做主题报告《从远程学习到数字学习，从数字学习再到移动学习》，报告从这三个概念的更迭来透视远程教育的过去、现在和未来。此后，移动学习成了国内诸多学者及移动通信商的关注焦点，经过多年的理论探索和实践探究，移动学习已经成为教育、企业及其他相关领域的研究热点。

“移动学习”（M-Learning）是指学习者在自己需要学习的任何时间、任何地点，通过便携设备（如智能手机、平板电脑等）和无线通信网络获取学习资源，与他人进行交流，进行学习。

从实现方式来看，移动学习的技术基础是移动计算技术和互联网技术，即移动互联技术；移动学习实现的工具是小型化的移动计算设备，目前主要有智能手机和平板电脑。正是基于这些设备和无线通信网络，移动学习具有移动性、广泛性、个性化等特性。此外，移动通信技术的发展与应用，可以使信息获取更加便捷，信息处理更加及时、高效。

到目前为止，在许多国家特别是中国，手机无线上网用户已超过计算机有线上网用户的人数。不懂计算机的手机用户也可以很容易获取和处理网上信息，这就为拓宽教育范围提供了可能性，对全民教育、终身教育、教育个性化都将产生巨大的推动。

二、移动学习的特点

移动学习尽管是对数字化学习的补充和发展，但它要比后者更加自由、灵活：无论在飞机场、在家里或其他任何地方，学习者只需要通过某种便捷的通信设备就可以进行移动学习。与传统学习方式相比，移动学习的下列特点就显得更为突出。

1. 学习环境的移动性

在传统教学中，教学方式是以教室为主的面对面教学，即使使用了信息技术，上课的活动地点仍受限于联网的普通教室或者电脑教室，除了每学期特定的校外教学和参观活动外，教学活动很少能超越教室或学校的藩篱。而移动学习恰恰弥补了这种教学或学习方式的缺陷，使得教师从学生中分离、学生从学习集体中分离成为可能。

对于那些无法接受常规或有规律性课程的学习者，移动学习可以帮助他们加强对时间的管理和利用，能够在每天繁忙工作中寻找机会来进行学习。

2. 学习活动的情境性

学习的一个重要目的就是获取稳定而灵活的知识，并且在新情境中应用这些知识。如果学习活动具有丰富的情境信息，那么学生对知识的建构将会更加容易，更加深入，因为丰富的情境信息有利于增强学习的意义。

移动学习将产生一种新的互动方式：学习者与情境间的互动。这种情境可以是模拟自然环境或是历史情节等，或学习者直接就在实际自然的情境中，通过无线通信技术与自然生态环境进行互动的移动学习。此外，学习者与情境互动的过程，还可以依学习者所处情境的变化而创造出有意义的教学资源。

3. 学习内容的即时性

即时学习的基本思想是在学生最需要的时候为他们提供知识信息。移动技术可以很好地实现这种理念，如学生在户外活动或野外实习时，通过手持移动设备联网查询相关的信息，以满足当时当地的需求。

4. 学习过程的交互性

移动学习中的交互可以实现学习者与学习者之间、学习者与教师之间以及学习者与学习资源之间的交互。通过多元化的交互，相关学习要素之间可以构建一个虚拟的学习共同体，学习过程中的交互不仅有利于提高其学习的积极性和自信心，同时能够培养学习者的交流沟通能力，发展学习者的个性。

5. 学习设备的普及性

随着技术的发展和移动设备的生产成本降低，移动设备越来越大众化，移动设备已经在人们的日常生活中得到广泛应用。移动设备作为开展移动学习的物质基础，它的普及为移动学习的开展和推广提供了可能。任何人，只要持有移动设备，就能够成为移动学习中的学习者或教育者。

三、移动学习的技术支持

从技术角度分析，移动学习就是基于便携式移动设备进行的数字化学习。有了移动通信技术和无线网络技术的支持，基本就能够传输学习内容并提供学习支持服务。另外，移动学习中教与学活动的交互性是通过移动计算技术实现的。与传统基于固定的台式电脑和有线网络传输的数字化学习相比，移动学习采用移动设备和无线移动通信网络传输，更强调其技术方式区别于其他教育技术，学习本身的灵活性和情境性在移动技术的支持下也体现出来。现代通信技术和计算机技术的发展与结合将移动学习变成了现实，这些支持移动学习的技术主要有以下四个方面。

（一）3G 技术、4G 技术与 5G 技术

3G 是第三代移动通信技术，是指支持高速数据传输的蜂窝移动通信技术。3G 服务能够同时传送声音及数据信息，传输速率一般在几百 kbps 以上。3G 是无线通信与国际互联网等多媒体通信结合的新一代移动通信系统，目前 3G 存在三种标准：美国 CDMA2000、欧洲 WCDMA、中国 TD-SCDMA。3G 下行速度峰值理论可达 3.6Mbps，上行速度峰值也可达 384kbps。

4G 是第四代移动通信技术，该技术包括 TD-LTE 和 FDD-LTE 两种制式。它是集 3G 与 WLAN 于一体，并能够快速传输数据、音频、视频和图像等。4G 能够以 100Mbps 以上的速度下载，几乎能够满足所有用户对于无线服务的要求。

5G 是第五代移动通信技术，是 4G 之后的延伸。2016 年 11 月 16 日，浙江嘉兴市乌镇第三届世界互联网大会上，美国高通公司带来了可以实现“万物互联”的 5G 技术原型，并入选 15 项“黑科技”——世界互联网领先成果。2017 年 12 月 21 日，在国际电信标准组织 3GPP RAN 第 78 次全体会议上，5G NR 首发版本正式冻结并发布。2018 年 2 月 23 日，沃达丰和华为完成首次 5G 通话测试。5G 网络的理论下行速度为 10Gbps（相当于下载速度 1.25Gbps），为移动终端分享 3D 电影、超高画质（UHD）节目提供了可能。

（二）GPS 技术

GPS 是英文 Global Positioning System（全球定位系统）的简称，主要用于提供位置服务，使导航变得个性化，并且更加准确。GPS 自从用在移动设备上以后，一直在不断改进，并且以不同方式应用在移动学习中。例如用以标注地理位置。克莱姆森大学将 GPS 技术应用于“逐渐消亡的萤火虫”项目，使用 GPS 技术追踪萤火虫的位置来统计追踪和监测萤火虫种群。

（三）云技术

云技术（Cloud Technology）是基于云计算商业模式应用的网络技术、信息技术、整合技术、管理平台技术、应用技术等的总称，可以组成资源池，按需使用，灵活便利。

云计算技术在网络服务中已经广泛应用，例如搜寻引擎、网络信箱等，使用者只要输入简单指令即可得到大量信息。手机、GPS 等都可以透过云计算技术，发展出更多的应用，从而更好地服务于教育教学。

（四）可穿戴技术

可穿戴技术与移动设备的集成，已经开始在移动学习中应用。可穿戴技术是 20 世纪 60 年代美国麻省理工学院媒体实验室提出的创新技术，利用该技术可以把多媒体、传感器和无线通信等技术嵌入人们的衣着中，可支持手势和眼动操作等多种交互方式。其目的是通过“内在连通性”实现快速的数据获取，通过超快的分享内容能力高效地保持社交联系，摆脱传统的手持设备而获得无缝的网络访问体验。

四、移动终端设备的特点

正如前面提到的移动学习就是要基于便携式移动终端设备进行数字化学习。那么这些设备究竟是什么呢？是手机？是笔记本？还是平板电脑？我们无法在此给出标准答案，因为技术一直在变化，设备在不断地更新。但是我们相信，这些设备一定能给学习者带来其他设备或技术无法实现的无处不在的体验，当然移动终端设备还有其他一些特点，这些特点包括以下四个方面。

（一）永续连接

移动学习需要其支持设备实现永续连接，这一特点改变了人们相互之间交流的方式、收集和存储数据的方式，能够让学习者持续地与数据和资源互联。学习不再局限于时间与地点，而是在任何时间、任何地方、以任何方式都能进行。

（二）意识感知

移动学习需要其支持设备上能够具有无数种传感器，如照相机、麦克风、触屏、回转仪、定位仪等。这些传感器能够给学习者带来视觉、听觉、触觉上的感知，进而还能给予相应的响应。这样不仅仅能够让学习信息情境化，同时还可以以此增强学习者的体验。

（三）多种模式

移动学习需要其支持设备具有多模式空间。移动设备传感器为学习者营造了丰富的交互式学习环境，这种环境似乎比其他教学资源更能调动学生的积极性。台式电脑和笔记本电脑虽然可以唤起我们的听觉和视觉，但移动终端设备还能够额外支持触觉，带给学习者增强现实的、身临其境的多模式体验。

（四）便于携带

移动学习需要其支持设备具有便携性。便携性意味着可以随时随地使用。它可以在学习者需要的时候回答学习者的问题，为学习者提供解决问题的资源，为学习者提供创造的空间，收集数据、成为学习者的记录工具、通信和分享的载体，而且很轻松地放在学习者的口袋里面。

正是由于有了具备这些功能特点的终端设备，才让学习者能够在移动学习的过程中学习他们想学的课程内容，了解他们身边的世界，同时还让他们有机会每天以全新的、前所未有的方式来使用这些终端设备。今天的课堂明显与传统的课堂不同，而不断更新教学技术、掌握新的终端设备使用都是现代教师必须去面对的。但是移动学习，最关键的并不是这些移动学习的支持技术和移动学习的终端设备本身，而是应该怎样合理应用这些技术和设备，怎样去创设学习环境和学习体验。只有解决了这些问题，掌握了这些支持技术和终端设备的教师才是这场移动学习革命中的魔法师。

第二节　移动学习的应用模式及案例

一、移动学习应用模式

移动互联网、物联网、大数据、云计算被誉为是人类走向未来的四大新支柱技术，正在深刻地改变世界。随着智能手机、平板电脑等智能终端的普及，从移动学习、购物、出行、理财到医疗等，新技术已经完成了对社会各个领域的渗透，正在为我们呈现全新的生活模式。而移动学习作为新时代教育教学领域的新潮流，已经逐渐形成了三大发展模式：碎片式学习、情境感知学习、课堂互动式学习。如图 6-1 所示。

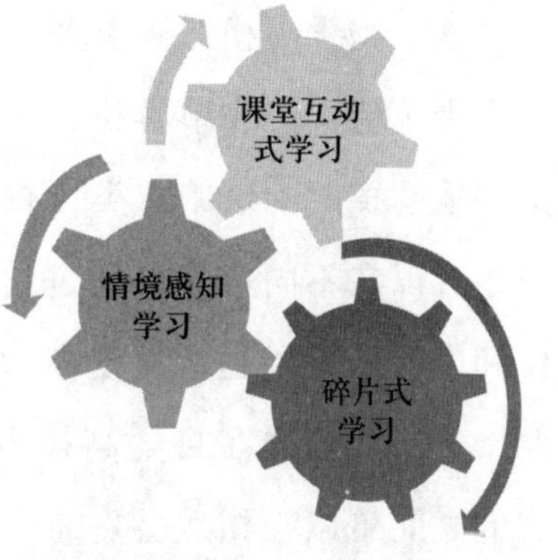

图 6-1　移动学习的三大模式

（一）碎片式学习

碎片式学习是利用移动设备的第一个特点——随时随地和你在一起。这样就可以让学习者将零散的时间利用起来，学学专业知识，练练英语，听听公开课，既学知识又长能力。这一类模式其实已经十分常见，比如我们在车上或者在排队时，用手机看微信公众号的文章、学驾驶知识、突击某项技能认证考试等，都是碎片式学习。

（二）情境感知学习

情境感知学习是利用移动设备的第二个特点——知道你在哪里。商家知道你在哪里，给你发的广告，让你很难拒绝。如果换成学习信息，“欢迎你来到西南大学校史馆，你想了解一下西南大学的历史吗？”站在西南大学校史馆入口处，看着一幅幅历史照片，你说你想不想了解一下？这就是博物馆、科技馆经常使用的学习方式。麻省理工学院曾经做过一个项目，让学生拿着平板电脑去旅行，去解决问题。香港中文大学资讯科技教育促进中心推出了EduAdventure系统，教师可以在后台编辑游戏化学习课件，学生拿着平板电脑可以在城市里、校园里、公园里开展基于情境的探究学习，深受师生喜欢。

（三）课堂互动式学习

学生可以利用平板电脑看微课、做虚拟实验。不过目前最常见的方式是这样的，教师在电子白板上打出一道题目，然后发送到每一位学生的平板电脑上。学生在自己的平板电脑上做好以后，可以提交到服务器端，教师就可以在电子白板上调出学生的答案，并选择若干答案进行点评。

这三类学习模式各有所长，适合不同的使用情境。第一类比较适合职场人士，他们工作节奏快，工作和学习时间会冲突，碎片式学习能让他们更好地掌控时间。第二类比较适合高校或科研领域，基于不同情境下的学习，可以在不同场景下通过学习解决具体问题。当然，随着现在学习、工作和生活的界限越来越模糊，在生活中学习、在工作中学习变得越来越重要，这三类模式在目前高校中都经常见到，它们之间并没有明显的界限，它们之间可以互相融会贯通，让移动学习在高校的应用前景越来越广阔。

二、不同技术环境下的移动学习

（一）基于Kindle电子书的移动学习

移动学习最早的雏形是学习者借助于电子存储设备（如手机、平板电脑、电子书阅读器等），将电子书、多媒体课件、图文课件等数字化内容存储在便携式移动设备上，进行随时随地的学习。这种移动学习，我们通常称之为“存储移动学习”，它类似于传统意义上的“移动”过程中的学习。

如图6-2所示，是亚马逊设计的Kindle Paperwhite电子书，它是使用电子墨水技术的便携式电子书阅读器。学习者只需要首先在亚马逊Kindle电子书库中购买所需的电子书籍并下载，在有网络连接的状态下即可通过个人账户将该电子书同步到 Kindle 阅读器上，或者通过数据线将个人电脑中的电子书拷贝到 Kindle 阅读器上。Kindle 可谓是存储移动学习的典型应用。下面我们以 Kindle Paperwhite 为例来说明其具体操作步骤与使用方法。

1. 在 Kindle 设备上下载电子书

Kindle 商店为用户提供了丰富的 Kindle 电子书、Kindle Singles、报纸、杂志和博客。将个人的 Kindle 设备连

图 6-2 Kindle Paperwhite

接网络后，打开 Kindle 主屏幕，点击屏幕顶端工具栏上的  “商店”图标，即可进入 Kindle 商店并浏览各类电子书。如图 6-3 所示。

图 6-3 Kindle 商店界面

在 Kindle 商店，可以搜索电子书，可以分类浏览，可以查阅最新的畅销书，或者阅读特别为您推荐的内容，甚至还可以在 Kindle 商店查看图书详情、客户评论，下载试读样章。

当选择好所需图书后，可以使用“一键下单”付款方式付费，当然 Kindle 商店也提供了许多免费阅读的图书，如果选择了免费阅读的图书，可以跳过付款这一步。下单后，图书内容一般会在 60 秒内发送到个人的 Kindle 阅读器上。报纸、杂志和博客将于出版后第一时间内发送到 Kindle 设备上，电子版通常都会早于纸质版。如果 Kindle 设备启动了飞行模式，那么最新购买的内容会在下次有无线连接时自动发送到 Kindle 设备上。

2. 通过数据线拷贝电子书

除了下载 Kindle 商店的电子书外，我们还可以将自己电脑上的其他电子书装入 Kindle 阅读器中。具体操作方法如下：

首先使用 Kindle 数据线将 Kindle 设备与个人电脑进行连接。第一次连接时有一个驱动安装的过程，耐心等待连接上之后，我的电脑中会出现如图 6-4 所示的 Kindle 连接图标。

图 6-4　Kindle 连接图标

双击该图标，打开后可以看到其中有一个 documents 文件夹，如图 6-5 所示，双击打开该文件夹。

图 6-5　Kindle 文件夹

从我的电脑中找到需要拷入 Kindle 的电子书，通过复制粘贴将电脑中已有的电子书拷入 Kindle 阅读器。但需要注意电子书的格式，Kindle Paperwhite 系统支持的电子书格式主要有 azw、pdf、mobi、prc、txt 等，其中

mobi、azw 和 prc 格式较为稳定。

（二）基于微信公众平台的在线移动学习

微信公众平台，简称公众号。利用微信公众平台可以进行自媒体活动，简单来说，就是进行一对多的信息推送活动。教师通过申请微信公众号，然后二次开发公众号的功能，向学生推送相关学习材料、教学设计或实施线上教学活动、开展或组织教学评价等，这种方式已经形成了当前较为主流的线上线下微信互动教学方式。

微信公众平台的申请

微信公众平台包含服务号、企业号和订阅号三种账号类型，鉴于服务号、企业号的申请需要企业资质，而订阅号任何人都能够申请的特点，订阅号更有利于在教学中进行推广。下面我们介绍基于微信公众平台订阅号的在线移动学习。

微信公众平台主要包括功能、管理、统计和设置四大模块，如图 6-6 所示。这四大模块的功能使微信公众平台不同于其他即时通信平台，使其在教学中的应用具有其自身独有的优势，不同模块的特定功能也为移动学习的开展提供了可能。

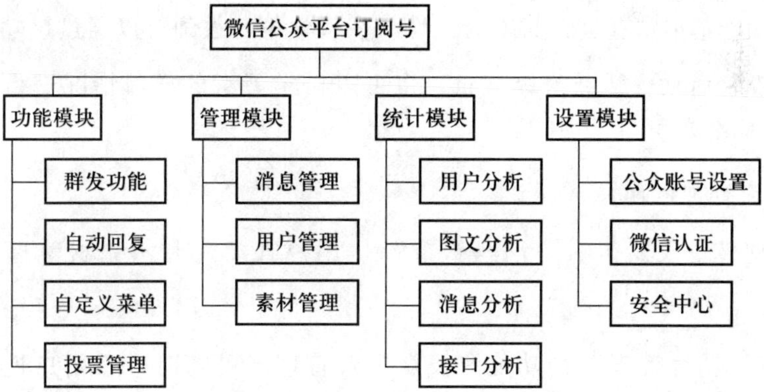

图 6-6　微信公众平台订阅号的功能模块

1. 模块介绍

（1）功能模块

功能模块主要包括“群发功能”“自动回复”“自定义菜单”和“投

票管理”四项内容。

“群发功能”主要用来向用户推送信息，包括群发文字、图片、语音、视频等类别的内容，同时通过后台的用户分组和地域控制，还能够实现对不同组别用户的精准消息推送。在教学中，教师可以通过该功能来对学习者进行分组，同时还可以向学习者推送学习内容。

微信推文的制作与群发

“自动回复”功能可通过公众平台的编辑模式来进行回复设置，包括“消息自动回复”和“关键字自动回复”两种回复设置，用户可以在平台上输入问题或关键字，主动向公众号提取信息，实现“对话即搜索”的服务。在教学中，教师可以通过该功能对不同的知识点进行不同的关键字设置，以便于学生自主进行课前预习和课后回顾。

“自定义菜单”功能允许公众平台管理者自定义菜单，以使平台的界面清晰、完整，菜单设置完成并保存后在 24 小时内可同步到用户界面，用户通过点击菜单项可获取平台信息。在教学中，该功能可以帮助教师设计教学界面，使公众平台的教学界面简单明了，方便学习者的自主学习。

微信自定义菜单与页面模板

“投票管理”功能可方便公众平台管理者组织投票活动，同时也可以对用户的一些基本情况进行简单的统计。在教学中，教师可以通过该功能组织班级的投票活动，活跃班级气氛，也可以对学习者的学习情况进行简单的测试。

（2）管理模块

管理模块主要包括“消息管理”“用户管理”和“素材管理”三项内容。

素材管理、消息管理与自动回复

利用“消息管理”的功能，公众平台管理者可随时查看用户近期向平台发送的消息。在教学中，教师可通过此功能即时了解学生在学习过程中遇到的问题，并给学生及时的反馈，或者也可以将问题记录后在课堂上给予反馈，让课堂成为解决问题、知识内化的课堂，使教学变得更高效。

利用“用户管理”的功能，可以修改用户的备注名称、对用户进行分组等。在教学中，教师可以将学生进行分组，分别推送符合各组认知水平的学习内容，这将有助于教师进行分层教学。

利用“素材管理”的功能，公众平台的管理者可对消息、图片、语音、视频进行编辑、保存、增加、删除和查看。在教学中，所有的学习材料都要通过该功能编辑保存后，通过群发功能推送给学生。

（3）统计模块

统计模块主要包括“用户分析”“图文分析”“消息分析”和“接口分析”四项内容。

“用户分析”主要对用户属性（如性别、年龄段、地区等）和用户增长（每天平台新增用户数）进行统计；“图文分析”主要对订阅、推送、阅读量进行统计；“消息分析”主要是对消息回复人数和消息查询人数进行简单的统计；“接口分析”主要对平台外部的接口设置进行统计。

在教学应用中，教师可通过“图文分析”功能来了解信息推送给了多少学生，阅读推送消息的阅读量有多少，这可以作为教师了解学生查看学习资料的一个依据，实时跟踪学生的学习进度。

（4）设置模块

设置模块主要包括“公众账号设置”“微信认证”和“安全中心”三项内容。

微信公众号
基本设置

利用“公众账号设置”的功能，平台管理者可以设定微信公众号的名称、头像、微信号，还可以生成微信二维码。学生可以通过搜索微信号或扫描平台二维码关注该微信公众平台，关注成功后，学生就可以在该公众平台上进行自主的移动学习了。

利用“微信认证”的功能，平台管理者可以将公众号与个人的微信号绑定。在教学中，教师也可以绑定个人的微信号，这样教师就能够在手机上使用群发等功能，方便管理学生的移动学习。

“安全中心”主要用来保护平台的安全，避免遭受其他人的恶意破坏。

2. 订阅号与教学的契合

微信公众平台订阅号提供了一系列的教学支持功能，通过与传统课堂教学的结合，可以形成教学时间、空间、主体、任务分配等多个维度的契合，包括课前预习、课堂教学、课后复习的契合，课内理论讲授与课外实践训练的契合，课程平时考核与课程试卷测验的契合等。具体而言，微信公众平台订阅号对教学的支持主要有以下四个方面。

（1）课前预习

学生在新课学习之前通过微信公众平台订阅号进行新内容的提前预习，学生结合生活情境通过微信公众平台进行学习资料的分享，以及教师在课前提供丰富多样的音视频引导材料等。特别是在高校翻转课堂实践中，其优势不言而喻。

（2）课后复习

学生在学习了某个知识点后可以通过微信公众平台进行知识点的巩固，学生通过微信公众平台学习教师提供的课后知识拓展、接收消息通知以及查看作业等。

（3）课外训练

教师通过微信公众平台订阅号组织学生进行专题讨论、小组研讨、案例观摩等。此外，学生还可以通过平台上传与分享自己的作品成果，观摩借鉴其他学生的作品，教师还可以对学生作品指导点评等。

（4）课程考核

通过微信公众平台订阅号的系统数据分析来跟踪学生的学习路径，掌握学生的学习情况，了解学生消息查询次数以及查看调查投票的反馈情况等。

（三）基于 APP 的在线移动学习

APP 是 application 的缩写，作为一种第三方程序，主要为平板电脑和智能手机提供移动终端服务。由于移动系统和设备的差异性，APP 的特性也不同。目前比较主流的 APP 系统有：苹果的 iOS、微软的 Windows Phone 以及谷歌的 Android 系统。

随着 APP 的迅速发展和普及，以及网络带宽、网络资费的调整，利用移动终端下载 APP 并进行移动学习已经成为一种常态。例如北京师范大学"移动学习"教育部-中国移动联合实验室就探索了"学习元移动云课堂"APP 的开发与应用。学习元(Iearning Cell)一方面表示"小粒度"，另一方面则表示"学习的初始"，同时具有"生长""进化"的含义。学习元为学生提供微型学习资源和学习服务，能够根据学生的个性化需求提供课程推荐，学生只需要简单地订阅自己感兴趣的课程，即可享受学习元所提供的丰富的学习服务。同时，随着学生参与课程的持续和深入，学习元中的课程也不断地进化，学生不仅仅是知识的获取者更是知识的生成者。"学习元移动云课堂"APP 的相关页面如图 6-7 所示。

图 6-7　"学习元移动云课堂"APP 的登录页面、首页和订阅页面

"学习元移动云课堂"为学生提供跨终端的学习活动组件库，包括：讨论交流、提问答疑、发布作品、练习测试以及同伴互评等学习活动。学生可以使用台式电脑、智能手机或者平板电脑等不同终端设备，随时随地

获取知识，参与学习。“学习元移动云课堂”所提供的课程内容既可以在线浏览，也可以将其下载到终端设备，方便学生在网络连接不通畅的地点使用，拓展了学生的学习地点。

同时，“学习元移动云课堂”通过对学生参与学习过程中的数据分析，挖掘学生的潜在学习兴趣和知识掌握情况，为学生及时推荐对其继续学习具有帮助的相关课程，学生不再为找不到感兴趣的课程而烦恼。

“学习元移动云课堂”为学生的移动学习提供了坚实的技术支持，使学生可以跨越正式学习与非正式学习，进行融合不同学习情境的无缝学习，给学生带来良好的学习体验。

这样一种移动课堂如何开发呢？北京师范大学同时研发了“移动课程APP生成器”。这是一款面向普通一线教师的移动课程在线开发以及APP在线生成工具。普通教师只需要按照一系列“微课程”的模板就能开发移动课程，其基本操作流程如下：教师首先在个人计算机上完成课程的相关文案设计和制作，然后将所有文案上传；选择“移动课程APP生成器”中所提供的符合个人教学应用场景的APP模板，同时还可以做一些展示页面的布局调整和学习活动再设计；在APP生成向导中填写相关信息后，即可完成APP的编译、打包和签名，生成APP以及下载地址和二维码；最后，“移动课程APP生成器”将生成的APP在其附属的APP管理平台上予以发布，不仅教师本人可以利用该APP展开移动课程的教学，同时还能让更多的教师和学生很方便地获取这些移动课程。

可以说这个APP生成器依托“学习元网络教学平台”，为广大的普通教师提供了移动课程在线制作与管理，以及相应的移动课程APP在线生成服务。这种形式所开发出来的移动课程具有“微课程”的组织形式，将学习内容和学习活动深度整合，并具有良好的组织结构(如图6-8所示)。同时这种移动课程自身还包含了一系列“一致贯一”的学习活动组件库，能够支持学生进行跨情境、跨终端的移动学习。

图 6-8　采用“微课程”形式组织的移动课程

（四）基于微课的在线移动学习

在微时代特色的引领下，信息资源形态的开放化、主体化、碎片化等发展趋势在教育领域不断凸显，以教育资源移动化、教学设计微型化、教学方法多样化为特征的基于微课的在线移动学习也应运而生。

微课是指基于教学设计思想，使用现代信息技术在五分钟左右时间内就一个知识点进行针对性讲解的一段音频或视频。在教育教学中，微课所讲授的内容呈点状、碎片化。这些知识点可以是教材解读、题型精讲、考点归纳，也可以是方法传授、教学经验等技能方面的知识讲解和展示。微课是课堂教学的有效补充形式，它不仅适合于移动学习时代知识的传播，也适合学习者个性化学习、深度学习的需求。

微课怎么做呢？通常我们是按照“选题—确定与细分知识点—教学设计—课件与素材制作—录制教学活动”的流程来进行设计与制作的。

选题是微课制作中的第一步，也是非常重要的一步。良好的选题可以事半功倍，不好的选题同样可以使得微课变得平凡乃至平庸。通常我们选择教学中的重点、难点以及适合用多媒体手段来进行表现的内容作为选题。

完成选题后，依据相关的教学大纲、课程标准等将选定的主题进行知识点划分。微课最突出的特点就是短小精悍，因此知识点的划分越细越好，尽可能地让每一个微课承载有限的知识容量，使其学习时间不至于过长，一般而言 5~8 分钟为宜。

第三步则是对划分后的知识点进行针对性的教学设计，并准备相关的教学课件、教学素材。

第四步是制作微课中最关键的一步——录制教学活动。具体而言，微课视频的录制方式是多样化的，而目前通常采用以下三种方式。

1. 外部视频工具拍摄（摄像机+黑板或电子白板）

（1）工具与软件：摄像机、黑板（电子白板）、粉笔以及其他教学演示工具。

（2）方法：对教学过程同步摄像。

（3）过程简述

- 针对微课主题，进行详细的教学设计，形成教案。
- 利用黑板展开教学过程，利用摄像机将整个过程拍摄下来。
- 对视频进行简单的后期制作，如有需要也可进行相关的编辑和美化。

2. 便携视频工具简单拍摄（手机或数码相机+白纸）

（1）工具与软件

可进行视频摄像的手机或数码相机、一沓白纸、几只不同颜色的笔、相关主题的教案。

（2）方法

使用便携摄像工具对纸笔结合演算、书写的教学过程进行录制。

（3）过程简述

- 针对微课主题，进行详细的教学设计，形成教案。
- 用笔在白纸上展现出教学过程，可以是画图、书写、标记等行为，在他人或三脚架的帮助下，用手机或数码相机将教学过程拍摄下来。尽量保证语音清晰、画面稳定、演算过程逻辑性强，解答或教授过程明了易懂。

• 完成拍摄后如有需要可以进行相关的编辑和美化。

3. 屏幕录制(屏幕录制软件+演示文稿)

(1) 工具与软件

电脑、耳麦(附带话筒)、视频录像软件(如 Camtasia Studio)、Microsoft Powerpoint 软件。

(2) 方法

对演示文稿的演示过程进行屏幕录制，辅以录音和字幕。

(3) 过程简述

• 针对所选定的教学主题，搜集教学材料和媒体素材，制作演示文稿。

• 在电脑屏幕上同时打开视频录像软件(如 Camtasia Studio)、演示文稿。执教者带好耳麦，调整好话筒的位置和音量，并调整好演示文稿界面和录屏界面的位置后，单击“录制”按钮，开始录制，执教者一边演示一边讲解，可以配合标记工具或其他多媒体软件或素材，尽量使教学过程生动有趣。

• 对录制完成后的教学视频进行必要的编辑和美化。

如果只是需要简单地录制多媒体演示课件，那么你还可以利用 Microsoft Powerpoint 2010 及以上版本中自带的内录功能进行演示文稿录制，录制完成后可以直接生成视频文件。

第三节　移动学习的影响及其面临的挑战和困难

一、移动学习对高等教育的影响

移动学习的兴起，如移动课堂、教育 APP、微课、MOOC 的出现使世界各地名校的优质课程和学习资源实现共享，满足了全球学习者个性化、多样化的学习需求。移动学习的发展，不仅使得欧美各名校实现了其高等教育的变革，更为我国高等教育变革提供了良好的契机。

（一）促进我国高等教育教学模式的转变

移动互联网的迅猛发展为智能化教学变革创造了技术条件。新媒体时代的移动学习形式多种多样，在一定程度上丰富了我国高等教育的教学模式。诸如移动课堂、教育 APP、微课、MOOC 等移动学习形式已经得到我国高校教师和大学生的使用和认可。移动课堂和 MOOC 作为信息时代新型的教学模式，关注的不再是教师的“教”，而是学生的“学”，是一种以学生为中心的、注重学生学习体验和师生互动的学习方式。在这种新型的移动学习过程中，教师需要采用各种教学方法激发学生的学习兴趣，如混合式学习、探究式学习、合作学习、翻转课堂等，以提高学生的自主学习能力。因此，移动学习的发展必将带动我国高等教育教学模式的改进与完善。

（二）促进我国高等教育教学手段的变革

教学手段是在教学中师生相互传递信息的工具、设备或媒体。目前，我国高校课堂上普遍使用多媒体教学，投影仪、多媒体计算机等设备以其直观性、便捷性等特点受到师生的欢迎。但是随着移动互联网及各种社交平台的出现和发展，人们不再满足于这种单向的教学方式，移动学习的兴起和发展为我国高等教育改革传统教学手段提供了新思路，进而创新了一些高效、即时、互动性强的教学手段，不仅使师生、生生之间实现了随时随地双向互动，而且使教与学的过程充满了生气和趣味性，能够激发学生的学习兴趣，促使他们积极主动地学习。因此，移动学习过程中对各种现代教学手段的高效运用可以促进我国高等教育教学手段的变革。

（三）促进我国高等教育教学中师生角色的变化

传统高等教育中，教师的角色是主导者或指导者，具有权威性，学生只是知识的被动接受者。传统高校教学比较注重教师的教而忽视学生的学，教与学的矛盾日益突出，这种不平等的师生关系不仅严重影响教学效果，而且挫伤了学生学习的主动性和积极性。但是在移动学习迅猛发展的今天，这种情形将得到很大的改善。在移动学习过程中，学生面对的将不是一位主讲教师，而是一群风格各异的学者、教授，在他们背后，还有不同的教学团队，包括主讲、助教、技术人员等。虽然他们分工不同，但是其角色定位都是学生学习的协作者和促进者；同时，学生也不再是处于从属地位的被动学习者，而是教学过程的中心，起主导作用。在移动学习过程中，学生可以自主选择学习内容和主讲教师，自己设定学习进度和难度，自行测试和组成学习小组，等等。此时，教师和学生是平等协作的关系，有利于发挥学生的主观能动性。因此，移动学习模式使我国传统高等教育过程中教师和学生的角色发生了巨大的转变。

（四）促进我国高等教育质量的提升

2012 年以后，我国不少高校加入了 MOOC 阵营，积极“引进”了一批国际一流大学的优质课程，使我国高校的师生获益匪浅。教师通过观摩这些优质课程，提高专业水准和教学水平，并且利用同类课程辅助教学；而学生不出国门就能目睹名师风采，增长见识。同时，国内也着力打造了具有中国特色的 MOOC 平台，如好大学在线、学堂在线及中国大学 MOOC 等，依托这些平台，我国也建设了大批精品在线开放课程。由于移动学习的开放性，世界各地的学习者通过这些平台也可以学习中国高校的优质课程。通过“走出去”战略，在“同台竞争”的局面下，我国必将努力把最优质的课程呈现在全球学习者面前，这无形中提高了我国高校课程的质量。因此，移动学习的发展既能推动我国高等教育的改革，也能通过这些改革提升我国高等教育的教学质量。

二、移动学习面临的挑战和困难

移动学习作为网络教育的扩展，具有不受时间、地点限制，以及个性化服务等优势，但是基于目前的技术发展水平，移动学习也面临着许多挑战和困难。

（一）手持移动设备的物理局限性

手持移动设备虽然便于携带，但界面使用性（无键盘、屏幕小）、媒体特性（不能呈现多种媒体信息）和存储功能有限，因此在教学应用上存在一定的局限。解决这个问题的根本办法是不断改善手持移动设备的性能，使其能够方便地访问普通的网页。

一个可以采用的方法是：将手持移动设备同传统的由笔记本电脑、有线网络构成的信息架构进行搭配，弥补目前的局限。例如，体积较小的平板电脑、手机可联入网络进行即时性的资料查询；笔记本电脑可扮演学习资料库，学生可将在户外学习的过程上传至笔记本电脑中，回家后或在个人方便的时间，再下载观看，或通过城域网查询相关资料；移动学习网站也可以提供对学习者个人学习成效的诊断；教师可以通过笔记本电脑协助收集学生学习的过程性信息、分析学生的学习状况、发送网上评价和反馈，与学生进行积极的互动。

（二）设备终端类型的多样性

随着移动互联网、电子技术的发展，具备网络访问能力的设备种类急剧增长，从台式计算机、便携式笔记本电脑到平板电脑、智能手机甚至空调、冰箱、数字电视，用户使用的设备种类将多种多样。这些设备的硬件性能、软件性能、网络性能存在较大的差异。不同类型的设备对于网络资源的要求有明显的差异，浏览访问的方式也不同。这将会造成一定程度的资源访问屏障，相同的内容资源无法在不同的设备间共享。

终端设备的多样化，反映到教学上，就要求教师在设计课程资源时要充分考虑学生手中的移动设备。也就是说，终端设备的多样化将会增加课程和教学设计的复杂性。

（三）移动学习系统有待完善

从整体来看，移动学习还处于初级发展阶段，移动学习开展尚缺完整的学习系统。专门的移动学习设备制造商、移动学习接入服务商、教育资源服务机构等，都还没有形成完整的整合体系和链接结构，运作环境尚不成熟。一种有效的学习方式离不开完善的制度及政策保障，移动学习兴起时间不长，尚缺乏学习规范和相关标准，移动学习赖以开展的学习平台十分缺乏，已经开发出来的学习平台功能有限，不能完全满足移动学习的要求，从而无法构造一个完整开放的移动学习系统。

（四）很难追踪和评价移动学习的成果

移动学习的用户群比较分散，很难追踪其学习的效果。另外，受移动学习的学习内容本身的特性所限，移动学习也很难用传统的评价工具来测量。也就是说，目前还没有一套成熟的框架来评价移动学习的效果，这也是为何目前关于移动学习的成果数据较少的原因之一。

移动网络技术和移动终端设备的发展推动了移动学习的兴起和发展。在新一轮高等教育变革时期，移动学习以其灵活性、个性化、开放性等特点为泛在教育的普及和优质教育资源的共享等目标的实现提供了很大的可能性。移动互联网技术与高等教育的融合，不仅对我国高等教育的教学模式和教学质量产生了重大的积极影响，促使我国高等教育从精英教育向大众教育转变，而且也为全民终身学习开辟了新路径，必将有助于我国学习型社会的构建。尽管目前还存在诸多困难和挑战，但是几乎所有的研究者都认为它具有非常广阔的前景。相信随着技术的成熟和相关研究实践的开展，移动学习将会成为人们进行学习的上佳选择。

实践运用

1. 根据本章所介绍的移动学习的特点，结合您个人的体验，谈一谈何谓真正的高校学生的个性化学习？这种个性化学习与终身学习有什么关联？

2. 假设您正在规划自己的移动学习课程，以下各类因素中，您认为哪些是必须设计和考虑的？并请说明理由。

A. 学习者能够接触到或自备的移动设备与应用程序能够提供的功能。

B. 学习者能够接触到或自备的移动设备与应用程序能够在多大程度上帮助其达成学习目标。

C. 通过设备或应用程序如何帮助学生达成学习目标。

D. 学习者对利用移动设备和应用程序来完成学习任务的热衷度。

E. 学习者对移动设备和应用程序的掌握程度。

F. 教师对移动设备和应用程序的掌握程度。

3. 假设您将在开学后的前几次课程中组织学生开展移动学习实践，您需要管理学生移动学习的环境，您认为以下哪些举措是必须采取的？并请说明理由。

A. 开发一个监控学生在线学习行为的移动学习高级系统。

B. 抓紧每一个机会，将各种信息技术手段融入学习过程中。

C. 限制学生对技术的使用，明确仅仅利用 1~2 个自我能够驾驭的技术手段辅助移动学习。

D. 为学生设计连接真实世界的且具有现实意义的学习任务或活动。

参考文献

[1] 杨九民，郑旭东. 面向教师教育的教学环境与模式创新研究[M]. 北京：科学出版社，2013.

[2] 张筱兰，郭绍青. 信息化教学[M]. 北京：高等教育出版社，2010.

[3] 尼古拉·尼葛洛庞帝. 数字化生存[M]. 胡泳，范海燕，译. 海口：海南出版社，1996.

[4] 许涛，禹昱，郭强. 2016年美国国家教育技术计划解读之教学篇：技术赋能的教师[J]. 现代教育技术，2016，26(10)：18-23.

[5] 马兰，唐玉霞.《信息与传播技术教师能力标准》概览：政策框架、能力标准模块和执行指南[J]. 远程教育杂志，2009，17(2)：3-10.

[6] UNESCO ICT. Competency Framework for Teachers. Version 2.0[J]. United Nations Educational, Scientific and Cultural Organization, 2011.

[7] ShandK, CostaV. The Intel® Teach Faculty Review[C]. Society for Information Technology & Teacher Education International Conference, 2010(1).

[8] 教育部. 国家中长期教育改革和发展规划纲要(2010—2020年).

[9] 教育部. 教育信息化十年发展规划(2011—2020年).

[10] 王卫军. 信息化教学能力：挑战信息化社会的教师[J]. 现代远距离教育，2012(2)：45-53.

[11] 李芒，徐晓东，朱京曦. 学与教的理论[M]. 北京：高等教育出版社，2007.

[12] 唐烨伟，等. 混合学习环境下智慧型教师培训模式研究[J]. 电化教育研究，2015，36(8)：108-112.

[13] 约翰·丹尼尔，等. 理解教育技术——从慕课到混合学习，下一步走向何方？[J]. 开放教育研究，2015，21(6)：10-15.

[14] 彭绍东. 从面对面的协作学习、计算机支持的协作学习到混合式协作学习[J]. 电化教育研究，2010(8)：42-50.

[15] 何克抗. 建构主义：革新传统教学的理论基础(上)[J]. 电化教育研究，1997(3)：3-9.

[16] 李智. 建构主义视域下的“翻转课堂”教师角色探析[J]. 教学与管理，2015(27)：17-19.

[17] 何克抗. 我国教育信息化理论研究新进展[J]. 中国电化教育，2011(1)：1-19.

[18] 潘基鑫，雷要曾，程璐璐，石华. 泛在学习理论研究综述[J]. 远程教育杂志，2010，28(2)：93-98.

[19] 汪琼. MOOCs改变传统教学[J]. 中国教育信息化，2013(19)：26-28.

[20] 张跃国，张渝江. 透视“翻转课堂”[J]. 中小学信息技术教育，2012(3)：9-10.

[21] 吴忠良，赵磊. 基于网络学习空间的翻转课堂教学模式初探[J]. 中国电化教育，2014(4)：121-126.

[22] 张金磊，张宝辉. 游戏化学习理念在翻转课堂教学中的应用研究[J]. 远程教育杂志，2013，31(1)：73-78.

[23] 赵兴龙. 翻转课堂中知识内化过程及教学模式设计[J]. 现代远程教育研究，2014(2)：55-61.

[24] 唐曙南. 现代信息检索理论与实践[M]. 合肥：安徽科学技术出版社，2011.

[25] 袁津生，李群，蔡岳. 搜索引擎原理与实践[M]. 北京：北京邮电大学出版社，2008.

[26] 谢德体，于淑惠，陈蔚杰，徐晓琳. 信息检索与分析利用[M]. 北京：清华大学出版社，2009.

[27] 赵国庆. 别说你懂思维导图[M]. 北京：人民邮电出版社，2015.

[28] 刘光然，詹青龙. 现代教育技术[M]. 北京：人民邮电出版社，2012.

[29] 熊艰，陈博政，吴连发，余杰. 基于多媒体教室的课堂教学模式探讨[J]. 中国电化教育，2003(7)：44-46.

[30] 王陆. 交互式电子白板与教学创新：从入门到精通[M]. 北京：高等教育出版社，2009.

[31] 冯建平，邓居英. 交互式电子白板与多媒体CAI课件制作教程[M]. 北京：人民邮电出版社，2012.

[32] 孙方. POWERPOINT 让教学更精彩[M]. 北京：电子工业出版社，2013.

[33] Lamb B. Wide Open Spaces：Wikis，Ready Or Not [J]. EDUCAUSE review，2004(39)：36-49.

[34] 焦建利. MOOC：大学的机遇与挑战[J]. 中国教育网络，2013(4)：21-23.

[35] 张珑，王建华，张军，邸佳奇. 移动学习在高等学校教学改革中的应用[J]. 计算机教育，2010(6)：34-38.

[36] 刘敏娜，张倩苇. 国际高等教育领域移动学习研究：回顾和展望[J]. 开放教育研究，2016，22(06)：81-92.

[37] Althunibat A. Determining the factors influencing students' intention to use m-learning in Jordan higher education [J]. Computer in Human Behavior，2015(52)：65-71.

[38] Arpaci I. A comparative study of the effects of cultural differences on the adoption of mobile learning [J]. British Journal of Educational Technology，2015，46(4)：699-712.

[39] 李小文，童莉莉，李荣禄. 数字时代大规模移动学习平台的构建与应用：基于 PMKS 框架的研究[J]. 中国电化教育，2018(03)：60-65.

[40] 陈鑫. 浅析基于移动终端的碎片化学习[J]. 教育现代化，2018，5(03)：60-61，64.

[41] 龚志敏，王会霞. 智能手机与“互联网+”课堂的发展趋势及策略分析[J]. 中国教育信息化，2018(02)：1-4.